Ⓢ新潮新書

太田 肇
OHTA Hajime

個人を幸福にしない日本の組織

656

新潮社

新潮選書

人文

海から見た戦国日本
列島史の交差点

村井章介

まえがき

「日本の強みはチームワークである」
「創造的な仕事は三五歳が限界だ」
「不祥事をなくすためには職員の管理を徹底しなければならない」
「優れた人材を獲りたければ、大勢の中から人物を見定めて選抜すればよい」
「大学は、〝入りやすいが出にくい〟欧米型を目ざせ」
「住民のために、もっと地方分権を推進しよう」
「ＰＴＡや町内会は自由参加にしたら成り立たなくなる」

企業の経営者や政治家、地域の実力者、マスコミに登場する識者たちはもっともらしい顔でこう語る。そして大多数の人はそれをすんなりと受け入れ、当たり前のこと、よいことだと信じきっている。そして、それを前提に組織も社会も動いていく。

ところが経営者でも政治家でも組織の幹部でもない、普通の一個人の視点から冷静に考えてみると、そこには明らかな間違いや誤解、ごまかしがあることがわかる。

日本人は仕事に対する熱意も組織への積極的な帰属意識も世界一低いという調査結果があるし、日本型のチームワークはもはや通用しないという声が聞かれる。日本では創造性が三五歳でピークを越えるといわれるが、イギリスでは五〇歳になっても創造性が衰えないという研究結果がある。

また、管理を強化するほどかえって不祥事が増えたり、人材を厳選して採用するほど逸材が逃げていったりする現実がある。大学の単位認定や卒業要件を厳しくしても、現状では受験勉強の期間を四年間引き延ばすことにしかならない。地方分権にしても、それが首長や議員のためにはなっても住民にはマイナスになることが多い。町内会がない自治体では、参加意欲が低くなるどころか住民が自主的に地域運営に参加している。

では、なぜ冒頭のような「常識」が幅を利かせているのだろうか?

それは日本人の間に、組織を崇め、組織を畏怖する一種の「組織信仰」が存在するからであり、それがしばしば現実を見る目を曇らせる。

信仰の背後には教祖がいる。多くの場合、組織信仰の教祖は「煽動型リーダー」である。彼らの常套手段は、人々の味方を装いながら自分の権力、影響力を強めようとすることだ。ときには中央対地方、役人対市民、ライバル企業対自社、守旧派対革新派といった対立の図式をつくり、人々を煽動する。ときには崇高な自治の精神や教育の理念を振りかざし、ときには大衆の素朴な郷土愛や仲間意識に訴えかけながら信仰をつくっていく。

こうして信仰ができあがると、それを広げるのが布教者の役目だ。煽動型リーダーに追随し、布教活動を進めることで甘い汁を吸うのが「パラサイト組織人」である。組織のおかげで利益にありつけ、さまざまな欲望を満たせる彼らは、水面下で組織や管理の必要性を印象づけるために知恵を絞り、組織の役割を肥大化させていく。ときには都合のよいように事実をねじ曲げたり、「常識」を捏造したりする。チームワーク神話や「分厚いミドル層」肯定説、「創造力35歳限界説」、評価・選別能力の誇張などはその代表的なものだ。

ただ、実際に信仰が広がるのは信者がいるからである。組織信仰の熱心な信者が「組織大好き人間」たちだ。組織の中にいるとなんとなく安らぐ、仲間と一緒だと心地よい、という彼らは個人より組織、個より全体を優先する「組織の論理」を進んで受け入れ、組織に忠誠を尽くそうとする。

「煽動型リーダー」「パラサイト組織人」「組織大好き人間」の三者はタッグを組んで組織の論理を押し通し、組織が好きではない人々まで巻き込もうとする。

そして、いったん組織ができるとそれは独り歩きする。「組織があるから行事をしなければならない」「組織で決められているから絶対に守らなければならない」というように本来は目的達成の手段であるべき組織が、目的にすり替わってしまう。

そうなると、もう組織の傘から逃れることはできなくなり、組織の論理に異を唱える者は変人扱いされたりバッシングされたりする。

当然ながら「組織の論理」そのものは他国の組織にも存在する。しかし、先に紹介した事例が示すようにわが国の組織ではそれがいっそう色濃い。その意味ではわが国特有のものだといってよい。

「組織の論理になじめない人や組織が好きでない人は組織に属さなければいい」といわれるかもしれない（とくに近年急増中の「日本大好き」人間などはそういいそうだ）。

しかし、組織に属さなければ学ぶことも、働くことも、生活することも困難なのが現代社会である。ましてグローバル化やＩＴ化が進み、政治的にも、経済的にも、社会的にも世界がつながるようになった今日、人々のネットワークと連帯はますます重要になってきている。したがって私たちは好むと好まざるとにかかわらず、広い意味での組織に属さなければならない。

だからこそ組織が大好きな人ばかりでなく、組織が嫌いな人も受け入れられるような組織につくりかえるか、もしくは組織を廃止してネットワークや別の連帯手段に切り替えていく必要がある。

私は組織学者だが、普通の学者とは反対に組織を個人の視点から研究してきた（方法論的個人主義）。人間はさまざまな欲求や動機をもち、複雑な立場や利害関係、社会的背景の中で生きている。それを抜きに組織との関わり方を語れない。そして、そもそも組織は個人が達成できないことを成し遂げるためにつくられるものであり、最終的に個人の利益につながらないような組織は無意味だ。そう考えているからである。

経営学者や組織学者の中には経営者の視点、組織全体の視点で物事を見る（方法論的全体主義）のが当然だと信じ込んでいる人が多く、私のような見方をする者ははっきりいって異端である。しかし、異端だから気づくこともある。

たとえば煽動型リーダーが掲げる、中央対地方、役人対市民、ライバル企業対自社、守旧派対革新派という対立図式の陰には、別の対立図式が隠れている。同じ「地方」でも豊かな大都市の住民と貧しい過疎地域の住民の利害は一致しないし、役人対市民よりも首長対市民のほうが実は利害が強く対立していることはよくある。同じく、会社が業界一位になったからといって社員にもよいことがあるとはかぎらないし、制度を改革したら以前よりもっと悪くなったというケースも多い。

また遠くにある組織より、身近にある組織のほうが自分たちの味方だとはかぎらない。身近な組織ではローカルな（独自の）ルールによる縛りが強くなり、特殊な色に染まらない者はいじめられたり排除されたりする。

いずれにしても、個人の視点、個人の立場からみると危険な組織信仰は地方自治体や大企業、大学のように比較的大規模な組織から、ＰＴＡ、町内会、教室のように小規模な組織の中にまで広がっている。

組織の規模や性質は違っても間違いやウソ、偽善の構図はみな同じだ。いま安倍内閣が政策の目玉として掲げる「地方創生」や「企業の競争力強化」「女性の登用」、それに長年の課題である「大学改革」も、個人の視点から見るとまったく別の顔、別の課題が浮かび上がってくる。そして、早急な方向転換が必要だとわかる。

わが国は自由と民主主義の国に生まれ変わって七〇年たった。それでも、組織の中に足を一歩踏み入れれば昔と大きく変わっていない現実に直面する。むしろソフトに装いを変えながら組織の支配は強まっており、危険水域に近づいている。山崎正和の「柔らかい個人主義」（山崎、一九八七）という表現をもじるなら、「柔らかい全体主義」が日本の組織、日本の社会を席捲《せっけん》しているのである。

いま求められているのは、これまで無批判に受け入れてきた組織の論理を疑い、個人の視点から組織の間違いやウソ、偽善を暴くとともに、それにかわる新しい理論と改革の具体策を提示することだ。

本書は企業や大学、地方自治体、ＰＴＡ、町内会など、日本人である私たちが生きていくうえでかかわらざるをえない組織の奥底にメスを入れて病巣をえぐり出し、改革の処方箋を示す。手前みそだが、これだけ規模も目的も異なる多様な組織を射程に入れた改革論はあまり例がないのではなかろうか。

「組織大好き人間」には、表面的な平和と日常の安楽の裏側でいま何が起きているかに気づいてほしい。日ごろ組織や管理にしばしば鬱陶しさや反発を覚える人、リーダーの言葉になんとなく胡散臭さを感じている人、さらに声高に唱えられる改革論に危険なにおいを感じ取っている人には、その原因がどこにあるかを理解してほしい。そして自分自身が属している組織を自由と個性が尊重され、なおかつ効率的な組織に変革できる、ということを知ってほしい。

個人を幸福にしない日本の組織＊目　次

第一章　組織はバラバラなくらいがよい

一　なぜ、「見せかけの勤勉」がはびこるのか

心に響かない経営理念

「企業には志の高い経営理念が必要だ」

「リーダーはビジョンを熱く語れ」

株主重視がうたわれ、欧米型の強いリーダーシップが人気を博すようになってから、ビジネスの世界ではこう唱えられる。それに応えるように経営者も、「三年後に四兆円企業達成を目ざそう」とか、「今年こそ、一丸となって業界第一位の座を取り戻そう」などと勇ましい言葉を発するようになった。頼もしいリーダー像を演じているつもりだろう。

ところが熱のこもった社長の言葉と対照的に、社員は妙に冷めている。自社がどんな

経営理念を掲げているか知らないし、社是や社訓も研修で唱和しただけだという。多くの社員にとって、経営理念や社是・社訓などは社長室やロビーのお飾りにすぎないのだ。

たしかに欧米では強力なリーダーが頼もしがられ、リーダーはビジョンや理念を堂々と語るようにビジネス・スクールでも教えられる。

なぜ、日本企業では経営理念が社員の心に響かないのか？

その疑問を、企業の現場に詳しいK教授にぶつけてみた。すると、「日本企業の経営理念は社員に言及していないからだ」という興味深い答えが返ってきた。

そこで、さっそくネットや会社案内などを使って欧米企業と日本企業の経営理念を調べてみた。すると、たしかにはっきりとした違いがあることがわかった。

欧米の代表的な企業の経営理念を見ると、その多くが自社の社員に言及している。しかも顧客と同様か、あるいはそれ以上に社員を大切にする明確なメッセージが含まれている。

たとえば、ＩＢＭは初代社長のＴ・Ｊ・ワトソン・シニアが定めた「個人の尊重」という理念をいまも大切に受け継いでいるし、ヒューレット・パッカードが掲げる「ＨＰウェイ」の中には「働く人へのコミットメント」という項目がある。またジョンソン・

エンド・ジョンソンは自社のクレド（信条）の二番目に、全社員に対する責任を定め、「社員一人一人は個人として尊重され、その尊厳と価値が認められなければならない」と明記している。

　このように主要な欧米企業はたいてい、顧客や社会への貢献とならんで、自社の従業員を大切にすること、それも抽象的な社員ではなく「個人」として尊重することを経営理念として大きく掲げている。

　欧米企業だけではない。先日本社を訪ねたインド発祥のグローバルＩＴ企業、ＨＣＬも「社員が第一で、顧客は二番目」というフレーズを看板に掲げていた。社員のことを第一に考えれば、顧客は後からついてくるという発想であり、組織図も第一線で働く社員がいちばん上で彼らをサポートする経営者はいちばん下という逆ピラミッド型だ。

　実際にこの会社では、会社の構想を社員が考えたり、給与等待遇面に不満があれば会社に申し出たりできるようになっている。また会議など業務上の必要がなければ自宅などで仕事をしても文句をいわれないそうである。この体制に切り替えた二〇〇五年以降、従業員満足度だけでなく会社の収益も顧客満足度も大幅に上昇している。

　もちろん、これらの企業が特殊なのではない。海外では顧客満足（ＣＳ）を高めるには商品やサービスを提供する従業員満足（ＥＳ）を高めることが不可欠であるという考え方が定着しつつあり、社員の職場環境や勤務時間からキャリア支援にいたるまで力を入れて取り組む企業が増えている。キャリアカウンセリングにしても、社員が将来転職や独立することを視野に入れながら、できるかぎり本人が描くキャリアビジョンの達成をサポートしようという姿勢をとっている。

それに対してわが国では、まだＥＳの向上に力を入れている企業は少ない。それどころか「お客様は神様」と持ち上げ、客から命じられたら土下座でもするくせに、「身内」である社員には平気でサービス残業させ、パワハラをくり返している会社もあるくらいだ。

経営理念にしても、社会の発展に貢献する、環境との調和を目ざす、顧客満足を増大させる、新たな価値を創造するといった外部向けの文言ばかりがならんでいる。社員向けのメッセージも見られなくはないが、労使の信頼だとか一致団結、あるいは質素倹約、善行、利他の精神というような教訓めいたものが多いのが特徴的である。

釣った魚にエサはやらない

こうした違いについてK教授は、「日本企業は社員が逃げる心配がないからだろう」という。私もまったく同じ意見だ。「逃げる心配がないから大事にしない」。それは会社以外にもいえることだ。卑近な例だが、すぐに連想するのがアメリカ人と日本人の夫婦関係に見られる違いである。

アメリカでは上級管理職は別にして、多くのサラリーマンは仕事を終えるとすぐ会社を後にして自宅へ直行する。家族、とりわけ夫婦で一緒にいる時間を何より大切にするからだ。また映画を見ていても、アメリカ人の夫婦は常に「アイ・ラブ・ユー」とささやき合っている。

日本人なら新婚ホヤホヤか、よほどの恐妻家でもないかぎり妻に会うため急いで帰宅したり、毎日愛をささやいたりする人はいない。少なくともかつてはそうだった。

そんなアメリカ人の夫婦を見ていると、よくまあ飽きないものだと下世話な心配をしたくなるが、これも会社と社員の関係と同じで、愛しているというメッセージを送り続けないといつ離婚されるかわからないからだ。それに対して離婚の少ないわが国では、妻への配慮は後回しになる。少々乱暴な表現だが、「釣った魚にエサはやらない」というわけである。

しかし、それでは相手の身は離れなくても、心が離れてしまう。その点は夫婦関係も会社と社員の関係も同じだ。実際に、それが後で述べるように会社と社員の間に深刻な溝をつくっていく。

なお厚生労働省の人口動態統計によると、日本人の人口一〇〇〇人当たり離婚率は五〇年前（一九六四年）の〇・七四から二〇一四年には一・七七にまで高まり、アメリカの二・八（国連調査、二〇一一年）に近づきつつある。近ごろ仕事より夫婦の時間を大切にする若者が増えているのは、それと無関係ではなかろう。

微笑んでいても目が笑っていない日本人、そのわけは？

私は年に数回、調査のために海外の企業を訪ねているが、どこの国に行っても働く人の目が輝いているのを印象深く感じていた。そして彼らは自然な笑顔で迎え、挨拶してくれる。それに対し日本企業で働く人の笑顔には、どこか不自然さが感じられる。口元には笑みを浮かべていても目は笑っていない。ちなみに、日本人の笑顔に不自然さを感じるという外国人は少なくない。

この違いが何に起因するのかずっと疑問に思っていたが、海外の労働者にインタビューを重ねるうちにナゾが解けてきた。

よく知られているとおり欧米やアジアなど海外では転職が多い。ある調査によるとアメリカでは平均四年で会社をかわるという。それに対しわが国では、転職が増えたというものの他国に比べるとまだまだ少ない。それを見ると、日本人は外国人に比べて会社や仕事に満足しているように思える。しかし、そこには錯覚がある。現実はむしろ逆なのだ。

意外に思われるかもしれないが、海外のそれなりの企業で働いている人の多くはいまの会社、いまの仕事を気に入っている。

労働市場が発達していて転職が容易な欧米やアジア諸国などでは、職場が気に入らなければすぐに転職するし、転職に対する社会的なマイナスのイメージもない。いまの会社は気に入らないけれど、しかたがないから定年まで勤めるという人は少ない。したがって、いまの会社にいる人は、その会社が気に入っているから働いているのである。

当然、そこには働く側と働かせる側との緊張関係がある。社員は期待された役割を果たせなければ比較的簡単に解雇されるし、会社は労働条件が悪ければすぐ社員に逃げられる。だから欧米はもちろん、賃金や労働時間の法規制がゆるい香港などアジアの新興地域でも、会社は労働条件の改善にたえず気を配る。

それに対してわが国では、右も左もわからないうちに新卒で就職し、いったん就職したらそう簡単に会社を移れない。たとえ転職できたとしても、よほど実力のある人でないかぎり転職すると条件は悪くなる。そのため、入ってみてこんなはずではなかったと後悔しても、待遇や環境に少々不満があっても、多くの人はいまの会社にとどまろうとする。転職が珍しくなくなったいまでも、全体として見るかぎり労働市場の枠組みは大きく変わってはいないのである。

しかも人間には、自己決定は受け入れるという性質がある。客観的な条件は同じでも、自分が選んだところでいま働いていると思えば満足度は高くなるが、行くところがないから働いていると思えば満足度は低くなる。「隣の芝は青く見える」のだ。

そこへもってきて、前述したように会社側は社員が辞めないのをよいことに、社員への配慮を後回しにするのだから、社員の不満はますます高まる。身は離れずとも、心はだんだん離れていくのである。

それでも社員としてはいまの会社で働き続ける以上、会社への忠誠を示さなければならないし、仲間にも受け入れてもらわなければならない。

このような屈折した感情を浮き彫りにしているのが、各種の統計や意識調査である。まず、労働時間の統計をご覧いただきたい。

日本の一般労働者の年間総労働時間は二〇二一時間（厚生労働省、二〇一四年）で主要国の中ではダントツに長い。フランスやドイツなどと比べると数か月分も余計に働いている計算になる。加えて、非管理職は平均して月に一三・二時間のサービス残業をしているという分析もある（労働政策研究・研修機構、二〇一一年）。

また欧米をはじめ他の国では一〇〇％近く取得する年次有給休暇も、わが国では四八・八％（厚生労働省、二〇一四年）と半分も取得していない。しかもわが国では有休の買い上げが基本的に認められていないので、残した有休はそのまま消えていく。

見かけの勤勉さと低い満足度は何を意味するか

この数字だけを見ると日本企業の社員はとても勤勉で、よく働いているように感じられる。手当なしでも残業し、有休を捨ててでも働くのだから、会社への忠誠心や愛社精神もたいへん強そうに見える。

しかし、それはあくまでも表向きの姿である。

近年つぎつぎに発表される働く人のエンゲージメント国際比較は、日本人がいかにいまの仕事に深く関わろうとしていないか、ほんとうの意欲に欠けているかをはっきりと示している。なお、「エンゲージメント」とは日本語で「熱意」と訳されることが多く、仕事に対する積極的な関わり方を意味する。

世界的なコンサルタント会社のタワーズワトソンが二〇一二年に行った調査によると、総合的にエンゲージメントが高い社員はグローバル平均で三五％いるのに対し、日本では一三％しかいない。逆にエンゲージメントが低い社員はグローバル平均が二六％なのに対し、わが国では五〇％にのぼる。同じ年に大手人材コンサルタント会社のケネクサが行った調査でも、わが国のエンゲージメント指数は調査した二八か国の中で際だって低い最下位である。他の調査機関が行った調査でも、日本人のエンゲージメントはいずれも最低だ。

では、仕事や職場に対する満足度はどうか。

NHK放送文化研究所が参加しているISSPの国際比較調査（二〇〇五年）によると、仕事に満足している人は三二の国・地域の中で五番目に低い。また自分の仕事に対する評価も二番目に低い（『放送研究と調査』二〇〇九年六月）。

さらに内閣府の「第八回世界青年意識調査」（二〇〇七〜〇八年実施）の結果を見ても、職業生活に「満足」または「やや満足」と答えた人は米、英、仏、韓、日の五か国の中で日本は韓国に次いで少ない。逆に「不満」または「やや不満」と答えた人は五か国中、日本が最多である。その一方で、「職場に不満があれば、転職する方がよい」「不満がなくても、才能を生かすためには、積極的に転職する方がよい」と答えた人は、いずれも五か国の中で最も少ない。

先に指摘したとおり、わが国では不満を抱えながら会社にとどまっている若者が多いという現実が浮き彫りになっている。

「強い帰属意識」の勘違い

それは会社への帰属意識にもあらわれている。

帰属意識を尋ねた項目は一九九三年までさかのぼらないと存在しない。そこで少し古いが九三年に行われた第五回調査の結果をみると、いまの職場で勤務を「続けたい」という若者は二七・五％と調査した一一か国の中で最も少なく、逆に勤務を「続けることになろう」と答えた若者は突出した最多である。

いまの会社で働き続けたいという積極的な帰属意識ではなく、やむなく、もしくはなんとなく働き続けるという消極的、運命的な帰属意識の強いことが読み取れる。

要するに、日本人は愛社精神があるとか帰属意識が強いという人は、辞めても移るところがないから会社に帰属しているのを、気に入って帰属しているのと勘違いしているのである。当たり前のことだが、両者は決定的に違う。

日本企業は、見せかけの勤勉さと裏腹に、実は会社に対して不満をもっている人、前向きな意欲のない人を大量に抱えている。労働市場が開かれているかどうか、すなわちいやなら簡単にもっと条件のよい会社にかわれるかどうかは、それだけ大きな意味をもっているのである。ちなみに先に紹介したケネクサの調査でエンゲージメントが一位、二位のインドとデンマークはともに転職率が高い国である。

会社の業績好調は、社員にとっては迷惑？

日本企業は労使一体で組織と個人の利害が一致しているという常識とは反対に、日本企業は他国の企業以上に深刻な利害対立を内包しているといってよいだろう。

会社と社員は運命共同体だから会社を愛しているのではなく、運命共同体だから会社に不満や反発を覚えるのである。家を出るに出られない反抗期の子が、親に反発するのと似たような感情だ。

このように解釈すれば、彼らの表情にうかがえる不自然な笑顔も、統計や意識調査にあらわれている屈折した態度も、さらには休みも取らず長時間勤勉に働く割に生産性が低いこともスッキリと説明がつく。

企業はいま、グローバルな競争社会に突入している。そこでは各分野において自律的・自発的に行動し、イノベーションを生み出す人材と高いモチベーションが求められている。社員の意欲と能力のわずかな差が、企業の生死を分ける時代なのである。社員の勤勉さや意欲が単なる「見せかけ」だとしたら、それは企業にとって致命的なハンディだといわざるをえない。

なお、脱退できないからやむなく留まるという組織と個人の関係は、サラリーマンの世界だけでなく程度の差はあれ学校、地域自治会、ＰＴＡなどにも共通する日本の組織の特徴であり、一種の社会的病理現象といえる。

いずれにしても、このような組織と個人の隠れた対立関係を放置しておくことは、企業にとって大きなウィークポイントであり、とても危険なことだ。

それを象徴するのが、つぎのようなシーンである。

「連休返上で増産。社員はうれしい悲鳴」

電気製品や自動車の売れ行きが好調なとき、新聞にはこのような見出しの記事が載った。そこで当時、知り合いの若手社員数人をつかまえて、ほんとうに「うれしい」のか聞いてみた。すると、全員が首を横に振った。うれしい悲鳴どころか、ほんとうの悲鳴なのだという。

連休に出勤すれば手当は出るし、業績が上がればボーナスも多少は増える。しかし、計画していた友人との旅行も、家族とのレジャーも、エントリーしていたマラソン大会出場も、すべてキャンセルしなければならなくなる。両方を天秤にかけたらデメリットのほうが重い。だから連休前などには、客からの注文がこないようみんな陰で祈っているのだという。

反対に不況のときは残業もなくなる。リーマンショックの後は仕事が減り、残業禁止令を出した会社も多かった。先の見えない不況に渋い顔をする経営幹部とは対照的に若手社員は晴々とした表情で、定時退社できるのを大歓迎していた。日の高いうちにテニスで汗を流す者、習い事をはじめた者など、まるで学生時代に戻ったような姿が印象的だった。

ところが最近になって景気が持ち直し、仕事が忙しくなったので、ある大企業の社員は「大学院に通いづらくなった」と浮かぬ顔をしていた。若手社員の立場からすると、会社がつぶれさえしなければ景気はむしろ悪いほうがありがたい、というのが本音かもしれない。

日本企業こそ「個人尊重」を理念に掲げよ

このように本音の部分で組織と個人の利害が対立しているなかでは、冒頭に掲げた経営者のようにトップが壮大なビジョンを語れば語るほど、社員の心がますます離れていくのも無理はない。「四兆円企業になるために毎日残業させられるのはごめんだ」というわけである。

組織と個人の間に隠れた対立関係があることを知れば、欧米のようにトップが強力なリーダーを演じたり、壮大なビジョンを掲げたりしても空回りすることがわかるだろう。ましてや社員への配慮を後回しにした経営理念などは、社員の心をいっそう会社から遠ざけかねない。

そして社員の心が遠ざかったら、その悪影響がすぐあらわれるのが日本企業の特徴だ。なぜなら、集団主義で個人の責任も貢献も不明確なうえ、匿名主義で個人の名前も表に出ないからである。つまり、手を抜く条件がそろっているのである。

たとえ不満でも会社をかわれない、会社が好きでなくても働き続けなければならない社員が多数留まっている隠れた現実を考えたら、そして彼らに本物の熱意をもって仕事に励んでもらおうと思ったら、日本企業こそ「個人の尊重」を経営理念に大きく掲げるべきだろう。

そして、社員が会社に貢献すれば、給与・賞与といった金銭面だけでなく、休暇や労働時間、働き方の自由度、それにステイタスや名誉など金銭以外の面でももっと目に見えて報われる仕組みを取り入れなければならない。

二　こんなチームワークはいらない

崩れるチームワーク神話

「日本人は個人だと欧米人に勝てないが、チームワークなら負けない」とためらいもなく口にする人がいる。また中国人に聞くと、「中国人は個人なら龍だが集団になると虫になる。日本人は個人なら虫だが集団になると龍になる」ということわざがあるそうだ。

このように日本人にとって自慢のチームワークだが、最近それがあやしい。むしろ正反対の評判が急速に広がっている。

国際経営に携わる人たちの間では、「日本人はきまったメンバーできまった仕事をするのは得意だが、新しいメンバーで新しい仕事をすることができない」というのが定説になっている。「プロジェクトに参加しても、日本人は他人のまねばかりしている」と不満をぶちまける経営者もいる。

おそらく多くの日本人は自分からプロジェクトを企画して仲間を募ったり、プロジェクトをリードしたりするような経験を積んでこなかったからだろう。異質な人を包摂し、多様な考え方を生かすノウハウも学んでいない。学校教育や、ボランティア活動などの経験不足も関係しているはずだ。

そのためか、日本企業ではせっかく優れた技術をもっていても、それがなかなかヒット商品や新規ビジネスに結びつかない。また宇宙開発や先端医療のような革新的大規模プロジェクトになると、欧米には太刀打ちできない。技術を戦略的に商品化したり、英知を結集して大規模プロジェクトを立ち上げたりするには、高度なチームワークが必要だからである。

メンバー同士の関係も、一見すると仲がよさそうだが、実はそうでもないようだ。日本と欧米のホワイトカラーを対象にした調査によると、日本人は欧米人と比較して同僚を信頼できないし、仲間と助け合わないし、情報を仲間に自ら進んで教えようともしない、という残念な結果がでている（佐久間、二〇〇三）。先ほど引用したＩＳＳＰの国際比較調査でも、同僚との人間関係が「非常に良い」と答えた人は二四％で、欧米主要国が四割前後であるのと比べかなり低い。

共同体とチームの違い

では、そもそも「日本人はチームワークがよい」という神話はどこから生まれたのか？

その答えは、先に説明した「日本人は愛社精神が強い」という勘違いと通じるものがある。

わが国では会社を簡単にかわれないのと同様、ふだん一緒に仕事をする仲間も選べない。人事異動で一方的に配属が決まるからだ。部署横断的なプロジェクトチームでも、会社の命令にしたがって参加した人がメンバーになるのが普通である。つまり外国企業のように自分から応募してその部署、そのポストに就いたり、自発的にプロジェクトに参加したり、ましてや自ら主体的にプロジェクトを立ち上げたりするわけではないのである。

自分が選んだわけではなく、いわば運命的に所属している集団と、自分から進んで参加している集団の違い。社会学ではその二つをはっきり区別し、前者を基礎集団、後者を目的集団（機能集団）と呼んでいる。

基礎集団の典型は家族であり、目的集団の典型は会社である。つまり会社こそ、自発的に参加する目的集団のはずである。

ところが日本企業では職場の同僚にしてもプロジェクトのメンバーにしても、たまたま一緒になっただけの人たちであり、どちらかといえば基礎集団に近い。したがって、その中には苦手な人もいれば気が合わない人もいる。それでも一種の運命共同体なので、表面上は仲良くしなければならないし、つきあいもしなければならない。日本の会社がムラ社会だといわれるのはそのためでもある。

共同体型では通用しなくなった

当然、このような共同体からは「一緒に夢を追おう」とか「お互いに協力して大きな目標に挑戦しよう」といった前向きの姿勢は生まれにくい。メンバーは、ただチームの和を乱さないこと、チームに迷惑をかけないことを最優先するようになる。スポーツでも何でも、チームワークといえば自分を殺すことだと信じている人が多いのは、こうした受け身で後ろ向きのチームワーク観が浸透しているためである。

このように受け身のチームワークも、これまではそれほど問題にならなかった。きまった仕事をみんなで黙々とこなすにはむしろ共同体型のほうが適していたし、外から新しいメンバーを迎え入れるケースもめったになかったからである。農業社会、工業社会で成功を遂げてきたのはそのためだ。

しかしいま、ＩＴ化やグローバル化によって、チームに求められるものが激変している。同じ作業をみんなでいっせいにこなすような仕事は、機械やコンピュータに任せればよい。極論すれば同じ能力や知識をもった人はいらなくなるのである。

つまり、これからは異なる能力や知識をもった人が、それを生かしながら、協力し合って目標を達成するようなチームワークが中心になっていく。商品開発のプロジェクトチームやイベントの企画・運営、雑誌の編集、番組の制作のようなスタイルがこれからますます増えていくわけである。

そこでは業種や職種を問わず、世界中の人が最適なパートナーを求め、同時に競争相手にもなる。したがってメンバー一人ひとりが自分の得意な能力を生かしてチームにどれだけ貢献するか、どれだけ高いモチベーションを発揮するかが決定的に重要になってくる。

そうなると、たまたま一緒になっただけの集団ではとても通用しないし、そもそもそれを本来のチームと呼べるかは疑わしい。

チームワークのあるべき姿は時代とともに変化する。かつて日本が得意とした「運命共同体型のチームワーク」からいまや世界標準である「メンバーの個性を生かすチームワーク」へと移り、さらに最先端では「個人の力を何倍にも高めるチームワーク」へと進化しつつある。「日本人はチームワークが苦手だ」という海外での評判は、進化に取り残された共同体型チームワークがもはや通用しなくなったことをあらわしている。

統合より分化が必要な時代

ところで、チームワークは単に人と人とのつながりだけで成り立っているわけではない。その背後には、人と人、組織と個人の距離をどうとるか、どのように結びつけるかという、基本的なテーマが横たわっている。「分化」と「統合」という言葉を使ってそれを説明しよう。

ローレンスとローシュという二人の経営学者は、「分化」と「統合」の関係で組織を論じた（ローレンス＝ローシュ、一九七七）。詳しい説明は省略するが、かいつまんでいえば「分化」とは企業の中で各部門の間、人々の間に差をつくり距離をとることであり、「統合」とは逆にそれを結びつけることを意味する。もっとわかりやすくいえば、「分化」は切り離すこと、「統合」はひっつけることである。

分化と統合の間にはバランスが必要であり、分化ばかり進めると組織はバラバラになってしまうし、統合ばかり進めると窮屈になって個人が自律的に行動できず、企業も環境の変化や多様性に適応できなくなって衰退する。普通の人間関係で、ひっつきすぎるのも離れすぎるのも問題なので、「つかず離れず」がよいというのと同じような理屈である。

図表1　「分化」と「統合」の均衡点

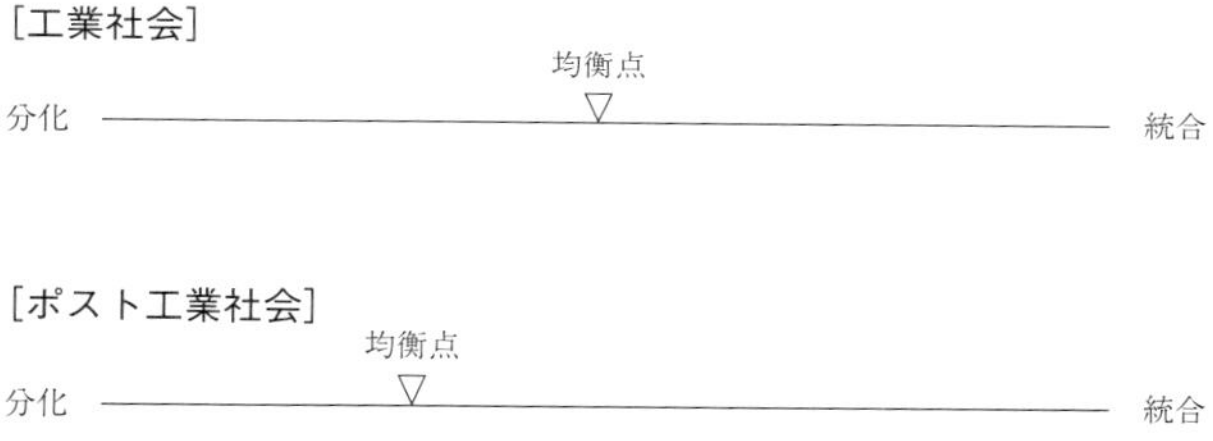

注意すべき点は、分化と統合のバランスは社会や技術の発展とともに変化するということである。

企業や社会のグローバル化が進み、価値観や生活習慣などの多様な人々がチームを組んだり一緒に働いたりするようになると、一人ひとりの多様性を尊重しなければならない。いまはやりの「ダイバシティ・マネジメント」である。また、変化の激しい市場の要求や多様な顧客ニーズに応えるには、個人の判断で自律的に行動することが必要だ。それだけ分化の必要性が高まったことを意味する。

一方では、モノづくり中心の時代と違って一糸乱れぬ統制が必ずしもいらなくなっている。また細かい調整はコンピュータに任せればよいし、インターネットなど情報通信技術の発達によって、物理的にも時間的にも一緒に顔を合わせて仕事をしなくてもすむようになった。これまでのような意味での強固な団結、統合は不要になったわけである。

つまり、分化と統合の均衡点が図表1のように、分化のほうへ大きくシフトしているのだ。

ところが企業社会では、あいかわらず「団結」「一丸」、そして最近は「絆」というような統合を強める言葉ばかりが唱えられ、分化を進めるべきだという議論はめったに聞かれない。

言葉だけでなく、社員研修では情報の共有や「ホウレンソウ」(報告・連絡・相談)の徹底など統合志向のものばかりが目につく。そのうえ職場は大部屋で顔をつきあわせるレイアウトのままだし、フレックスタイムや裁量労働など一人ひとりが働く時間を選べるような制度も、広がるどころかむしろ廃止されていく傾向にある。組織信仰が捨てきれないからである。

これでは企業も人も、変化が激しくなり多様化する環境の変化に適応することはできない。

復活した運動会、社員旅行

そして皮肉なことに、分化をおろそかにして統合にばかり力を入れすぎると、肝心の統合さえ危うくなっていく。

人間の基本的な欲求に「自律の欲求」がある。自分の意思、自分の判断で自由に行動したいという欲求である。そのため、必要以上に距離を近づけよう、ひっつけようとすると、本能的に距離を取ろう、離れようとする。外から無理に求心力を高めようとすると、逆に遠心力が働くのである。

家族や友人同士でも、親しくなりたいからといって距離が近くなりすぎたらけんかや仲違いが起きやすいのと同じだ（「ヤマアラシのジレンマ」ともいう）。いまの職場を見ていると、画一的な制度や濃密すぎる人間関係が、主体的な協力や団結、自発的なコミュニケーションをかえって阻んでいるように感じる。

したがって、改革の道筋は見えている。

企業では一時期、運動会や社員旅行などが社員の不興を買い、次々と廃止されていった。半強制的に参加させられることに反発する社員が増えたからだ。ところが一部の会社では運動会や社員旅行を復活させ、同時に自由参加の趣旨を徹底したところ、若い社員がこぞって参加するようになり、評判も上々だという。同じような現象は、社員寮への入居や社員同士の飲み会などにもあらわれている。社員のコミュニケーションや団結力を高めようと思えば、無理にひっつけるより距離を置く自由を与えたほうがよいということを意味している。

「異分子」が、助け合うチームに変えた

ただ現実問題として、自ら適当な距離をとる（とらせる）のは意外と難しい。そこで有効なのは、戦略的にダイバシティを取り入れることである。

男性ばかりだった職場に女性社員を入れたら互いにプライバシーを尊重するようになり、パワハラもなくなったという会社がある。外国人看護師を採用したのをきっかけに「ホウレンソウ」の回数を減らすなどルールを簡素化したら、日本人看護師にも好評で離職率が大幅に低下したという病院もある。また、ある雑誌社ではフリーランスの人たちが入り交じって仕事をするようになってから、互いに助け合う風土が生まれ、職場が明るくなったという。

同性、同年代、同じ国民、同じ正社員ばかりだったら互いにライバル関係になるので、表面的には仲がよさそうでも心の中では互いに牽制し合う。また古い慣習や旧弊は、決

定的な不都合がないのでいつまでも残る。それに対し、異質な人同士は利害が競合しないし、相手は自分にないものをもっているので互いに学び合ったり、助け合ったりする。そして無用な慣習や旧弊はおのずと淘汰される。だからダイバシティを進めればかえってチームワークもよくなるのである。

組織はバラバラなくらいがよい。

質のよい統合を実現し、ほんとうの意味でのチームワークを強めるには「分化」、すなわち個々人の自律性と多様性を尊重し、そこからいかに「統合」を図るかという迂回的発想に切り替えるべきである。

第二章　年功制が脳を「老化」させる

一　「35歳限界説」を捏造した真犯人

日本人は欧米人と頭が違うのか？

年をとると肉体的に衰えるのはしかたがない。スポーツ選手ならたいてい三〇代半ばくらいには峠を越える。同じように頭脳のほうも衰え、頭が固くなると信じられている。ゲームソフト業界では一〇代から二〇代のクリエーターが主力だし、研究開発の世界では「35歳限界説」がまことしやかに唱えられている。独創性や創造性は中年になると衰えるので第一線では役立たないというのである。ところが、意外にもそういわれるのは日本だけのようだ。

興味深い調査結果がある。日本生産性本部は一九八八～九〇年に、日・米・英・独の四か国を代表する大手企業の研究所で働く技術者計一七七四人を対象として国際比較調

図表2　技術者として第一線で活躍できる平均年齢

	30歳未満	30歳台前半	30歳台後半	40歳台前半	40歳台後半	50歳以上	年齢に関係ない	N/A
日本	2.2	17.1	29.7	30.6	4.7	0.5	14.6	0.5
米国	0.8	1.4	2.2	2.2	1.9	12.9	77.8	0.8
英国	1.7	1.7	6.2	5.4	5.4	7.4	72.3	0.0
ドイツ	1.0	0.8	4.4	5.2	7.0	8.8	71.8	1.0

資料：日本生産性本部「技術者のキャリアと能力開発に関する国際比較」1988〜90年（福谷正信『研究開発技術者の人事管理』中央経済社、2007、250頁）

査を行った。その中に「あなたの周囲を見て技術者として第一線で活躍できるのは、平均的にみて何歳ぐらいまでとお考えですか」という質問がある。その回答を見ると日本では「30歳台後半」と「40歳台前半」が合わせて六割を占めるのに対し、他の国を見ると年齢別では「50歳以上」が最も多く、しかも「年齢に関係ない」という答えが七割以上を占めている（図表2）。

実際にアメリカの研究所で調査した石田英夫によると、年齢による解雇ができないアメリカでは七〇歳以上の研究者はけっして珍しくなく、最高齢はなんと九〇歳以上だという。そして特許や論文などの業績を見ても、六〇歳以上の業績は四〇代、五〇代と比べ劣ってはいないのである（石田、二〇〇二）。いずれも日本では考えられないことである。

日本人と欧米人は頭の構造が違うのだろうか？

いや、そんなはずはない。脳科学者に聞いてみても、どこの国の人間であろうと脳は使い続けているかぎり退化しないばかりか、いくつになっても発達するそうだ。私が直接・間接に見聞きしたことも加えてモデル化すると、技術者や研究者の創造的能力はおおよそつぎのように発達すると考えられる。

頭脳は使い続けるかぎり、いくつになっても発達する

若くして頭角をあらわした人でも、その分野で同じ仕事を続けているかぎり、前の業績を上回る成果をつぎつぎに出すことは難しい。そこで、自分の仕事が成熟期を迎えたなと感じたら少しテーマを変えるか、違う切り口で新しい仕事に挑む。そうすれば、また創造的な仕事ができるようになる。しかも経験の蓄積や勘の発達もあるので、前の仕事よりいっそう大きな成果があがる場合がある。

いずれにしろ若いころと同じように頭を使っているかぎり、成果を生む独創性や創造性が三〇代や四〇代で衰えることはけっしてない。むしろ緩やかではあるが能力は発達し続け、創造的な成果をあげ続けることができるのだ。

日本でも芸術家や作家、発明家などは五〇代、六〇代になっても優れた成果を出し続

けており、彼らの口から「中年になって創造性が衰えた」という声は聞かれない。また私の研究上の大先輩には九〇代半ばの人が複数いるが、若い人など足元にも及ばないほど柔軟で深みのある発想をされる。

もともと自由業の人やフリーになった人たちだけではない。佐賀県の武雄市に介護福祉機器を製造・販売するジーバという会社があった。名前のとおり六〇歳以上の「おじいさん、おばあさん」ばかりが働く会社だ。一〇年ほど前にこの会社を訪ねてみると、フロントには知恵や創意工夫の結晶といえるような製品がズラリと並んでいた。当時七〇代の社長は、夜眠っていてもアイデアがつぎつぎにわいてくるので、それを製品化していると語っていたのが印象深い。

これらの例からもわかるように、「35歳限界説」は日本の伝統的な企業や大きな組織に勤めている研究者、技術者などクリエイティブ系の人たちだけに当てはまる話なのである。

なぜ彼らにだけ三〇代、四〇代で限界がくるのか？

「限界」は組織によってつくられる

実は、脳の老化や衰えではなく「組織の論理」が彼らの脳を見かけ上「衰退」させているのである。

まず、一般的な説明からしておこう。

ご存じのように、年功（序列）制は年齢や勤続年数に応じて給与も役職も上がっていく制度である。年功制のもとでは、社員は中途で辞めると損なので定年まで働き続けようとする。そして自分の分《ぶ》をわきまえ、組織に忠誠を尽くしているかぎりそれなりの地位と待遇が約束される。だからこそ社員を忠実な組織人に育てられるわけである。つまり、年功制こそ「組織の論理」を支える骨格だといえる。

巷には「年功制は崩壊した」という声もあるが、大企業や伝統的な組織では依然として年功制の大枠が維持されている。ちなみに二〇一四年の「賃金構造基本統計調査」（厚生労働省）によると、大企業で働く二〇代前半の賃金を一〇〇とした値は四〇代前半が一九三、五〇代前半が二三八である（いずれも男性）。そして職位もまた、年功という大枠の中で上がっていく。

このようにいまなお年功制が根強く残っているため、企業の研究所や開発部門でも技術者は中年になると第一線の仕事から離れ、管理職になっていくのである。

しかし、それなら管理職になるのを望まなければ第一線での仕事を続けられるはずだ。ところが、それは認められない。理由はこうである。

年功制のもとでは、年齢（または勤続年数）とともに給与が上がる。一方、能力もまた前述したように発達し続ける。それに応じて仕事の生産性も上がり続ける。

とはいえ、さすがに創造的能力の伸びは緩やかであり、給与の伸びには追いつかない。そのため年齢とともに給与と生産性の乖離《かいり》がだんだん大きくなっていく。それが目立つようになったとき、「限界がきた」と見なされるわけである。技術者にしてもデザイナーやコピーライターにしても、特許や論文、作品など目に見える形で仕事の成果がはっきりあらわれる。それだけに給与と生産性の乖離をごまかしようがない。

つまり、三五歳だとか四〇歳だとかいうのは専門職として給与の伸びに見合った貢献ができなくなった年齢なのであり、その年齢になったからといって創造性そのものが衰えるというわけではないのである。

年功制を廃止すれば能力は衰えない

それに対して管理職の場合、給与と生産性の乖離を（言葉は悪いが）ごまかしやすい。そもそも管理の仕事は生産性を評価しづらいうえに、管理職に就けば部下の貢献と自分の貢献とを切り離すことが難しい。なかには部下の手柄を平気で自分の手柄にする管理職もいるくらいである。したがって管理職に就けば、だれでも給与に見合った貢献をしていると見なされるわけである。

図表3は、これをあらわしたものである。

労働経済学者のラジアー（Lazear, 1979）が示しているように、年功制のもとでは社員の会社に対する貢献度をあらわす曲線と、社員が受け取る報酬の曲線はある年齢のところで交差する。つまり、ある年齢までは報酬を上回る貢献をしていたのが、それ以降は逆に貢献度より報酬のほうが上回るようになる。

ただ貢献度の曲線は一人ひとり違うのはもちろん、職種や仕事内容によっても傾向に差がある。

前述したように技術者や研究者は少しずつ仕事を変えていけばいつまでも創造的な仕事ができ、組織への貢献度も上がっていく。

図表３　報酬と貢献度（技術者・研究者と管理職の比較）

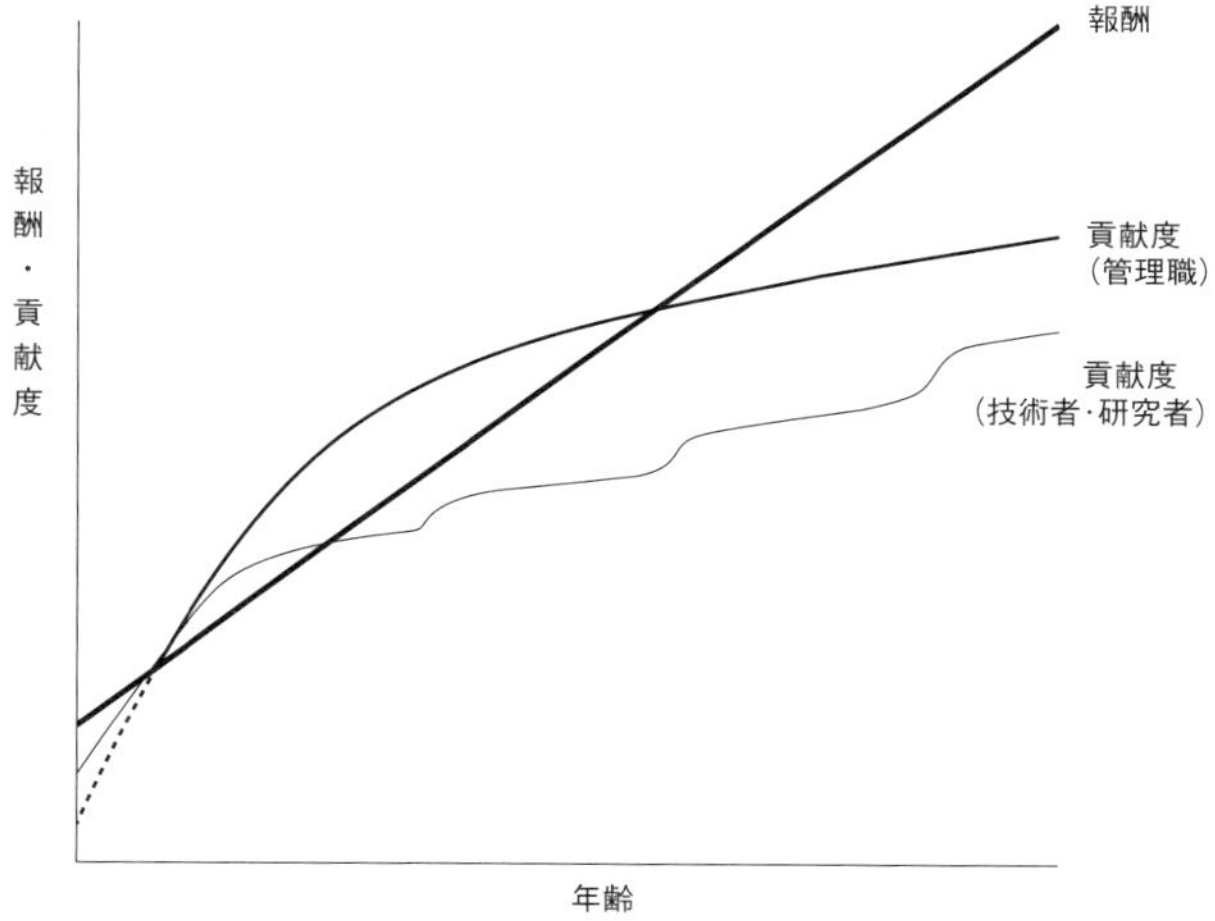

それでも報酬曲線との開きは年齢とともに大きくなる。したがって、年功制のもとではいつまでも第一線で仕事をするという「わがまま」は許されない。好むと好まざるとにかかわらず、ある年齢がきたら報酬曲線との乖離が比較的小さい（見えにくい）管理職に就かざるをえないわけである。

要するに日本人の創造的能力は、加齢そのものによって衰えるのではなく、年功制という制度によって衰えるのである。欧米の技術者は年齢に関係なく第一線で活躍できるのに、日本人技術者は三〇代後半から四〇代前半に限界がくるという不可解な差異もそれによって説明できる。

このことは、年功制さえなくなれば五〇歳でも六〇歳でも創造性を発揮しながら第一線で働けることを意味する。

それだけではない。年功制を廃止すれば、定年そのものが必要なくなる。現に年功制が大企業に比べて緩やかな中小・零細企業の中には事実上定年のないところも多い。したがって元気でさえあれば七〇歳でも八〇歳でも第一線で働き続けられ、能力の衰えを指摘されることもなくなるだろう。

二　パラサイト・ミドルを救え！

「分厚いミドル層」は日本企業の強みか

年功制という組織の論理の中から生まれた「神話」はほかにもある。その代表的なものが「分厚いミドル層」肯定説である。

かつて「一億総中流階級」といわれたように、わが国の経済や社会は長い間、分厚いミドル層（中間層）に支えられてきた。同じように、日本企業もまたミドル層（中間管理職）に支えられていて、分厚いミドル層こそが日本企業の強みである。そう語る経営学者や評論家が少なくない。

はたしてそれは事実だろうか？

日本企業は欧米企業と違って、トップが強力なリーダーシップで会社をグイグイと引っぱるようなことはしない。少なくとも、これまではそうだった。それを補っているのが、質・量ともに充実したミドル層である。

欧米（フランスは除く）など海外の企業はトップの下に部門長と課長クラスがいるくらいで階層は少ない。それに対し日本企業では部長や課長といったラインの管理職のほかに副部長、担当課長、課長代理、主幹、主査といったさまざまな役職が存在し、しかもそれぞれが実質上意思決定のラインに組み込まれ、意思決定に関与している。

彼らミドル層は一方でトップの意向をくみ取り、他方では現場の知恵や情報を吸い上げながら組織の知を創造し、組織を動かしている。つまり、ミドル層こそが実質的に経営を担ってきたのであり、それが日本的経営の強みである。だからこそ、その強みを捨ててはならないというわけである。

そしていま、伝統的な大企業や役所に注目すべき現象が起きている。組織のスリム化やフラット化でいったん廃止された役職ポストが続々と復活し、ミドル層がまた分厚くなってきているのである。役職ポストを復活させる理由としてあげられるのは、主につぎの三つである。

① 役職者が減った結果、一人で多くの部下を管理しなければならなくなり、管理職の負担が過剰になった。
② 上司が個々の部下を細かく管理・指導できなくなったので、部下が不安を訴える。
③ 下位の役職がないと、若手は部下を管理する経験が積めないので、管理職が育たない。

このような理由を掲げて役職を復活させる大企業があいついでいるのだ。そして、その動きを後押ししたのが「分厚いミドル層こそ日本企業の強みだ」という経営学者や経営評論家の言説である。

既得権を守る方便?

しかし、それには納得できない点がある。
たしかに分厚いミドル層がこれまで日本企業の経営を支えてきたことは事実だろう。

彼らが意欲的で優秀な人材であるということも認めよう。しかし、だからといってこれからも分厚いミドル層が日本企業の強みとなり、それを残すべきだという話にはならない。

分厚いミドル層は日本企業の「特徴」ではあっても、「特長」だとはいいきれないのである。なお、ここでいう「ミドル層」は組織上のいわゆる中間管理職を意味し、ベテラン社員、中堅社員を指すのではないことを念のために断っておく。

会社の中でミドル層が大きな割合を占め、そこに重要な仕事も実質的な権限も集中していたのだから、彼らが組織を支え、動かしてきたのは当然のことである。けれども、もしその存在がなかったら経営者はもっと思いきったリーダーシップを発揮できたかもしれない。実際に経営者の口からは、「改革をしようと思っても管理職の抵抗が強いので前に進まない」という嘆きがしばしば聞かれる。それを「岩盤」とか「粘土層」にたとえる人もいるくらいである。

また、いろいろな人が意思決定にかかわるので、責任の所在がおのずと不明確になる。それが不祥事の温床にもなっている。

さらに第一線で働く人たちからは、「現場に裁量権が与えられず、上司に事細かく口を出されるので成長できない」といった不満がささやかれる。ミドル層の役職者が多いと第一線で仕事をする若手には重要な仕事が回ってこないし、何をするにもいちいち彼らに相談し、ＯＫをもらわなければならない。ちなみに海外の進出先では、些細なことでも上司の許可をもらおうとする日本人社員を見て、「そんなことも自分で決められないのか」と相手から嘲笑されることがあるそうだ。

つまり、かりに分厚いミドル層が存在しなかったら、第一線で働く人たちにはもっとやりがいのある仕事が回ってきて、自分の裁量で仕事をし、早く一人前になっていたかもしれないのである。たとえていうなら、しっかり者の親がいたために子の出番がなく、いつまでも成長できないようなものである。

そもそも情報化社会、ポスト工業社会に入って、中間管理職の役割は小さくなっている。組織の中の情報伝達や情報共有は管理職を介さなくても電子メールやＬＡＮを使って直接行える。一方で変化の激しい環境の中では迅速な意思決定が必要になり、市場や顧客に接している現場の社員が自ら判断し、行動することが求められている。分厚いミドル層にはメリットがあるとしても、デメリットがそれを上回るようになってきたわけである。

先に述べた役職を復活させる三つの理由も、分厚いミドル層に重要な仕事や裁量権を集中させた現在の特異な組織構造を前提にしている。すなわち自ら蒔いた種だといえなくもない。

なぜなら、管理職が減ると部下を管理する負担が増えるというのは部下に権限を委譲していないからであり、部下に権限委譲して自律的に仕事をさせれば、微に入り細にわたって管理したり指導したりする必要はなくなるはずだ。そうすれば、管理職の役割もずっとシンプルになるので長い経験を積まなくても務まるようになる。

要するに「分厚いミドル層こそ日本企業の強みだ」という説にしても、役職を復活させる（もしくは減らせない）理由にしても、かつての企業環境、現状の組織を前提にした議論である。そこからは、ミドル層自身の利益を守ろうとするほんとうの理由が透けて見える。図表3で示したように、冷静に分析すればミドル層こそ貢献（生産性）を上回る待遇を受けている人たちであり、彼らがその特権を守ろうとするのは当然といえる。

ミドルは「加害者」か、それとも「被害者」か？

では、必要性が乏しいにもかかわらず役職を死守し、部下の成長と活躍の機会を奪っているミドル層は、一方的な「加害者」なのだろうか？

実はそうでない。より広い視野で見るなら、彼らもまた「組織の論理」の被害者なのである。

たしかに彼らの多くは貢献を上回る待遇、市場価値よりはるかに大きな報酬を得ている。しかし、それと引き替えに自ら成長する機会、潜在能力を存分に発揮する機会を奪われているのである。それは彼ら自身にとっても、組織にとってももったいないことだ。とくに将来が見通しにくくなったこれからは、それが彼らにとって大きなリスク要因となる。

彼らが役職に執着する主な理由は三つある。一つ目は、いうまでもなく恵まれた報酬である。二つ目はステイタス、すなわち社内外で通用する肩書きである。そして三つ目は部下をもち、部下を動かせることである。

これらのうち最も有害なのは、三つ目の理由である。したがって、部下を自分の所有物のように側に置いておきたい、コントロールしたいという欲望だけは捨ててもらわなければならない。それさえできれば、これまでの報酬とステイタスを維持しながら活躍し、ほんとうの意味で待遇に見合った貢献をしてもらうことはできる。

エースこそ管理職から外せ

ポイントは二つある。一つは彼らの目を外に向けること、もう一つはエースを引き抜くことである。

これまで組織のスリム化がなかなか成功しなかったのは、余剰人員対策という消極的な意味合いが強かったからである。そのため専門職や専任職といったポストを設けても、管理職に就けなかった人を処遇するためのポストという実態が露骨にあらわれていた。それでは当人が誇りをもてないし、能力を活用することもできない。

成熟社会、ボーダレス社会を迎えるこれからは、企業も受け身の姿勢で社員を組織の中に閉じこめていては衰退する一方である。いかに新しい製品を開発し、ビジネスを開拓するか、他の組織との交渉・連携を有利に進めるか、有望な分野に資源を投入して競争優位を確立するかが企業の死命を決する。

また日本企業の優れた技術力を競争力のある製品に結びつけていくこと、他社の追随を許さないような戦略を打ち立てること、顧客の潜在的ニーズを的確にとらえて過不足のないサービスを提供すること、ITを業務の効率化と新規ビジネスに生かしていくことなど、取り組むべき課題はいくらでもある。

つまり、組織の外に目を向けた「攻め」の姿勢こそが大切なのである。当然、そこには有能な人材、いわゆるエース級の人材を投入しなければならない。

一方で部下への権限委譲を進め、部下が自律的に仕事をできるようにすれば管理職の仕事はかなりルーチン（定型）化される。欧米やアジアの企業ではビジネス・スクールを卒業したての若手がいきなり管理職に就くケースも少なくないが、それも部下への権限委譲が行われているから可能なのである。

このようにして管理職の負担を減らすことは、管理職昇進のハードルを下げる意味でも効果がある。企業には役職ポストに執着する社員がいる一方で、若手や女性を中心に昇進を望まない社員も増えている。

たとえば日本経営協会が二〇一二年に実施した「第一回若手社会人就労意識ギャップ調査」では三七・四％が「昇進したくない」と回答しており、日本経済新聞社などが二〇一四年にインターネット経由で行った調査では、八割弱の女性が管理職に「なりたくない」と答えている（二〇一五年一月五日付「日本経済新聞」）。

とりわけ女性の管理職登用はわが国の政策課題でもあるだけに、負担の軽減によって昇進のハードルが下がれば、社会的にも望ましいことである。

要するに、部下に裁量権を与えて自律的に仕事をさせるようにすれば、管理職にスーパーマンはいらなくなる。マネジメントの専門職を育てればよいわけである。そして「分厚いミドル層」の中からとくに優秀な人材を引き抜いて、前述した「攻め」の仕事に専念してもらう。すなわち、優秀な人材こそ管理職に就けるというこれまでの常識とは逆の人事を行うのである。そうすれば、経営の体質そのものも「守り」から「攻め」に変わるだろう。

「分厚いミドル層」をなくせば生産性は四倍に上がる

企業を取り巻く環境も仕事の中身も二〇年前、三〇年前と大きく変わっている。にもかかわらず、日本企業の組織と執務体制はそれほど変わっていない。いまでも上司と部下、同僚同士が集団で仕事をするケースが多い。しかし若手社員に本心を聞いてみると、仕事ができる社員ほど「一人に任せてほしい」と口にする。まして多くの役職者から、ああしろ、こうしろと口を出されたら、「それなら自分でやってください」という気持ちになると語る。仕事に対する「所有感」、すなわち自分の仕事だという感覚が失せるのである。

私も若いころ役所に勤めた経験がある。とくに有能だったわけではないが、それでも上司や同僚と一緒に仕事をするときより、一人に任されたときのほうが計画を立てやすいし、仕事の工夫もできるので何倍も生産性があがった。いまでも研究や学内行政の仕事を共同ですると、調整や連絡、意見のすり合わせに多大な時間と労力を浪費していると感じるし、モチベーションも極端に下がる。

仕事の内容にもよるが、ある程度仕事に慣れてくれば自分の判断で自律的に仕事をするほうがはるかにモチベーションは上がり、効率的に仕事ができるのである。

さらに、組織をフラットにして「分厚いミドル層」から優れた人材を抜擢し、攻めの戦力として活用すれば、組織全体からみれば同じ人数ではるかに多くの仕事ができるはずだ。

二人で行っていた仕事を一人でさせれば、単純に考えて同じ人数で二倍の仕事がこなせる。しかも所有感をもって自律的に仕事ができればモチベーションも仕事の効率も上がる。それによって、かりに一人あたりの生産性が二倍にアップするなら、組織全体では二×二で四倍の生産性向上が見込める計算になる。業種を問わず突出した成果をあげている組織がたいていフラットな形をしていることを見れば、それがあながち誇張した話や「絵に描いた餅」ではないことがわかるだろう。

「分厚いミドル層」はいまやけっして日本企業の強みではない。それを解体し、彼らの能力を有効活用することで活力ある組織に再生できるだけでなく、彼らの意欲と能力をよみがえらせられるはずである。

年功制は中高年に厳しい

有能な技術者が中年になると第一線で働けなくなるのも、ミドル層が既得権を守るため組織のフラット化に抵抗するのも、年功制の隠れた弊害である。そして年功制は、ある意味で年配者にとって厳しい制度であるということを見逃してはいけない。

つぎのような光景を目にしたことはないだろうか。

定年退職が目前に迫った人が、それまで以上にがんばって仕事をする姿を。転職がきまった社員が、急に会社を背負っているような発言をするようになるのを。

周囲の人からすると、どうせもうすぐ辞めるのだからおとなしくしておいてくれといいたいところだが、本人の気持ちは違う。会社への忠誠心を欠く功利的・打算的な人間だったと思われたくないのである。

とりわけ年配者にとって、高い給料をもらいながらそれに見合った貢献をしていないと周囲から見られるほどつらいことはない。ましてお金の損得で働く人間だとは見られたくない。日本企業特有の濃密な人間関係の中で働いているため、いっそう強くそれを意識するのである。

もっとも「親方日の丸」で貢献と報酬とがもともとあまりリンクしていない公務員の場合には、給料に見合った貢献をしなければいけないというプレッシャーは小さい。反対に経営が厳しい中小企業などでは、周囲の視線も厳しくなる。

実際に中小企業では、「気持ちよく働きたいので私の給料を下げてほしい」と社長に申し出る年配の社員がいるそうだ。また最近は自ら降職を希望する社員も増えているという。やはり周囲から、給与や地位に見合った仕事をしていないと見られることを恐れているのである。

このように、年功制は一見すると年長者に有利な制度のようでありながら、日本企業特有の風土や職場環境を考慮に入れれば、けっして年長者に優しい制度だとはいえないことがわかる。

すでに見たように、「年功制は崩壊した」というマスコミのセンセーショナルな声とは裏腹に、ほとんどの日本企業がいまでも年功制の大枠を維持している。それは日本企業の職場環境と相まって年功制が中高年社員を律し、プレッシャーをかける効果的な装置となっているからである。

しかし、視野を広げてみるとそこに大きな欠点が見えてくる。「報酬に見合った貢献をしなければならない」という意識は当然ながら受け身であり、上司の顔色を見ながら働く若手社員とかわらない。そこからは新たな発想も、挑戦意欲も、イノベーションも生まれない。それらを期待するなら、社員を年功制の縛りから解放するほうがよいのは明らかだ。

第三章　管理強化が不祥事を増やす

一　過剰管理こそ不祥事の温床

杓子定規になった役所の窓口対応

「書類のちょっとしたミスでも受け付けてくれなくなった」
「終業時刻がきたら職員がいっせいに退庁してしまう」
「昔は地域のイベントに市の職員がボランティアで参加してくれていたのに、いまはだれも参加しない」

いずれも職員の不祥事が世間をにぎわし、それを機に職員の管理を強化した自治体で聞いた住民の声である。

公務員の勤務態度や仕事ぶりに対する世間の目は年々厳しくなっている。役所に寄せられる住民の声のなかには、「職員同士が仕事中に談笑していた」「休憩時間外に食事をとっていた」「住民にタメ口をきいた」といった些細なものが多く、取るにたらないケースや、やむをえない理由がある場合も少なくない。それでも苦情が寄せられるたびに、職員は職制を通じて注意を受ける。

さらに、ここへきてコンプライアンス（法令遵守）が声高に叫ばれはじめ、自治体が服務規律の徹底に取り組むようになったため、職員に対する管理がいっそう厳しさを増している。それと並行して冒頭のような現象が広がっているのである。

ルールを守る代わりに決められたことしかしない。規則をたてに杓子定規な対応をする。このような姿勢は俗に「官僚主義」と呼ばれる。本来の官僚主義はもっと中立的なものだが、官僚主義のよくない面ばかりが表面化しているわけである。組織で働く人にとって、官僚主義こそ外圧から身を守る最強の防御手段だからである。

けれども、そうした態度が住民にとって望ましくないことは明らかであり、自治体がめざすべき方向でもない。

管理を強化しても続発する不祥事

さらに、肝心の不祥事を減らすという目的に照らしても、管理を強化することにどれだけ効果があるか疑わしい。

たしかに管理を強化することで、ある種の不祥事はとりあえず減らせるかもしれない。しかし、別の不祥事については効果がないばかりか、長期的にはむしろ逆効果になる場合がある。

実際に厳しい管理で全国的に注目されるような自治体でも、それによって不祥事が根絶されたとか、極端に減ったという印象はない。

たとえば大阪市では二〇一二年以降、勤務時間中に喫煙した職員を停職処分にしたり、勤務時間中に約一〇分間だけ喫茶店に立ち寄った職員を減給処分したりするなど、犯罪性のあるものだけでなく軽微な違反に対しても厳しい姿勢で臨んでいる。それでも職員の覚醒剤使用、強制わいせつ、恐喝・傷害といった凶悪な犯罪が後を絶たない。

また福岡市では職員の飲酒がらみの不祥事が続発したことから二〇一二年五月、全職員に自宅外での飲酒を禁止するという人権侵害とも受け取られるような指示を出した。それでも半年後には、東日本大震災の被災地に派遣された職員が酒を飲んで同僚を殴り傷害容疑で、翌日には酒を飲んだ小学校用務員が警官への公務執行妨害容疑などでいずれも逮捕された。また翌年三月には、アルコール依存症で治療中の職員が飲酒事故を起こして逮捕された（二〇一三年五月二〇日付「毎日新聞」）。

こうした事例は、職員を締め付けたり厳しく処分したりするだけでは効果がないことを物語っている。管理を強化すれば不祥事が減るという思い込みが間違っているのである。くり返しになるが、不祥事の種類によっては、また長い目で見れば、管理強化がかえって逆効果になりかねない。それは役所でも民間企業でも同じである。

タイプによって異なる抑止効果

ここで役所や大企業で発生する不祥事を、その性質によって分類してみよう。

【粗暴型】暴行、傷害、わいせつ、セクハラ、パワハラなど。
【たるみ型】不注意による事故、飲酒運転、無断欠勤、職務専念義務違反など。
【私益追求型】収賄、横領、不正受験、情実人事など。
【未熟型】単純ミス、事故など。
【組織エゴ型】データや数値の改ざん、捏造、情報の隠蔽など。
【ゴマすり型】同右。

これらのうち「粗暴型」「たるみ型」「私益追求型」については、管理強化や服務規律の徹底、それに厳罰化の抑止力によって短期的には抑制できるかもしれない。ただし、あくまでも短期的には、である。

「未熟型」については、いくら管理を強化し、処分を厳しくしても効果はない。それどころか、厳しく叱責されたり罰せられたりすることを恐れてパニックに陥ってしまうケースや、ミスを隠そうとしてより重大な結果を引き起こす場合がある。

たとえば二〇〇五年に起きたJR福知山線の脱線事故は、運転手が電車の遅れを取り戻そうとしてパニックになった可能性があり、ミスをすれば厳しい「日勤教育」を受けなければならないという意識が遠因になったのではないかという指摘がある。

「組織エゴ型」や「ゴマすり型」には逆効果

一方、「組織エゴ型」や「ゴマすり型」については、管理強化の効果が期待できないばかりか、かえって逆効果になる可能性がある。「組織エゴ型」にしても「ゴマすり型」にしても組織に対して、あるいは上司に対して忠実な組織人によって引き起こされる不祥事だからである。

人間が権威に対してどれだけ弱いか。それを浮き彫りにしたのが社会心理学の分野で有名な「アイヒマン実験」である。教師役の被験者が生徒役の人（サクラ）に電流を流すこの実験では、被験者は命じられたら相手がどんなにもがき苦しんでも平然と電流を流した（ミルグラム、一九八〇）。戦争中の捕虜への拷問も、ふだんは温厚で優しい人物によって行われていたという証言がある。人間は強い権威のもとで命令されると冷静な判断力を失い、倫理に反することでもやってしまうのである。周囲への同調圧力が強いわが国ではいっそう、そうなりやすい。

二〇〇九年に発生した大阪地検特捜部の証拠改ざんは、まさにそうした状況の下で起きた事件だ。法と正義を守る立場にある検事が、上司から与えられた使命に応えるため、罪のない人を犯罪者にでっち上げるようなことを行ったわけである。

この事件にかぎらず、公務員や大企業の社員によって引き起こされた事件、不祥事のなかにはこのタイプのものが多い。二〇一四年に発覚した大阪府警の犯罪件数過少報告、佐賀県警の事故件数改ざん（二〇〇九～一〇年）は、ともに全国ワーストの汚名を返上するという上からのプレッシャーが背景にあったといわれている。また二〇一五年、歴代社長三人が辞任し、提訴されるという異常事態となった東芝の不適切な会計処理の問題でも、短期的な利益を改善するようトップからたびたび指示があり、それが不適切な会計処理を誘発したとされている。

こうした事件や不祥事に手を染めたのはいずれも組織や上司に忠実な、ある意味では「模範的」ともいえる組織人である。少なくとも直接的には自分の個人的利益を追求したのではないし、たるんでいたわけでもない。このように忠実な組織人に対して管理を強化すれば、ますます組織や上司に盲従し、組織ぐるみの不祥事を引き起こす恐れがある。

さらに、管理や統制が強まれば視野が狭くなり、別の不祥事を生むリスクも高まる。雪印乳業は二〇〇〇年に集団食中毒事件を起こし、二年後の二〇〇二年には雪印食品の牛肉偽装事件が発覚しているが、一件目の事件の後に「もう二度と同じ事故は起こさない」という一点に意識を集中し、品質管理や危機管理に努力を注入しすぎたことが結果的にタイプの異なる二番目の事件を防げなかった原因であると分析されている（小山、二〇一一）。

これらのケースに共通するのは、背後で強固な組織の論理が貫徹されていて、それがいわば「操り人形」のように忠実な組織人を動かし、事件や不祥事を誘発していることである。組織の中に階層型の序列構造が存在し、社員としての出世や社内での評価が上司の胸三寸にかかっている以上、「組織エゴ型」「ゴマすり型」不祥事をなくすことはできない。

とくにわが国では、欧米と違って個人の「職務」という概念が希薄である。オフィスも隣の机との間に仕切りさえない。たとえていうなら個人を守ってくれる自宅をもたず、共同体の中でみんなが集団生活しているようなものだ。そのためいっそう上司の意向には逆らえないし、集団の空気にも影響されてしまうのである。

罰則への意外な「適応」

さらに、管理を強化しても不祥事を根絶できない現実の裏には、個人の心理にかかわる根の深い問題が隠れている。

組織のトップや管理職は部下の行動を正したいとき、すぐ管理を強化したり罰を与えたりする。人間は刺激に対して反応するという素朴な行動主義の理論を信じているからである。たしかに動物園やサーカスで動物を調教するにはアメとムチが有効だし、人間に対しても短期的には効果がある。

しかし心をもち、考える動物である人間は、やがてアメとムチに単純には反応しなくなる。想定外の形で反応するようになるのだ。

アメリカでこんな話がある。ある幼稚園では園児を迎えにくる親たちがしばしば遅刻するのに手を焼いていた。そこで時刻どおり迎えにこさせようと、遅刻したら罰金を取ることにした。ところが罰金を取りはじめたら遅刻がなくなるどころか、罰金を払って堂々と遅刻するようになったという。罰金を払うことで、申し訳ないという意識が消えたからである。

同じような話は成果主義を導入した企業でもしばしば耳にした。成果主義には、成果をあげた人に報いる一方で、成果があがらない人を叱咤する意味もある。ところが、いざ成果主義を取り入れてみると、意外なことに優秀な社員が大量に辞めていった。厳しく評価されることに嫌気がさしたとか、報酬の額そのものに不満をもったからだとかいわれている。

その一方で成果のあがらない人たちは、報酬を下げたら発憤するか自ら辞めていくだろうという会社側のねらいと裏腹に、辞めるどころか引き下げられた報酬に安住し、いっそう仕事をしなくなったそうである。

ここで紹介した「罰金」や成果主義への反応は、前章で述べた年功制がもたらすプレッシャーの裏返しといえる現象である。ジンメル（一九七八）も述べているように、「お金」は良きにつけ、悪しきにつけ人間を心理的・社会的な負担感から解放するのである。

罰則がとても受け入れがたいほど厳しければ強制的にしたがわせることはできるが、罰則が中途半端だと開き直らせ、罪悪感と改善の意欲を奪ってしまい、逆効果になる場合があるのである。

賃金カットの波紋

これと根本は同じだが、少し違った形で反応があらわれることもある。

東日本大震災の復興財源に充てるため、二〇一二年四月から一四年三月まで国家公務員の給与は平均七・八％カットされた。それにならう形で多くの地方自治体でも職員の給与カットが行われた。

公務員の心の中には、いままでと同じ仕事をしながらなぜ公務員だけが給与をカットされるのか、という不満がある。ときには、それが仕事の「質」を低下させることもある。「量」の低下は目につくが、「質」の低下は目立ちにくいからである。管理職のなかには仕事上の手抜きが増えたとか、最低限の仕事しかしない職員がでてきたと口にする人もいる。

社会心理学者のアダムスが唱えた「公平理論」によると、人間は公平に扱われることを求める。そのため不当に損をさせられていると感じたときには、「公平」になるよう仕事のインプットを減らそうとする（Adams, 1965）。理屈上は、給与を七・八％カットされたら仕事の質を七・八％低下させ、気持ちの中で折り合いをつけるのである。兄弟喧嘩をしたとき兄（姉）だという理由だけで親から叱られた兄（姉）が、陰で弟（妹）をいじめたり、いたずらをして親を困らせたりするのと同じである。

もちろん公務員としての誇りや矜持があるので実際に手抜きをする人は少ないかもしれないが、給与カットが多少なりともモラールの低下を招いていることは事実だ。

そこで国のある機関（独立行政法人）では、給与カットのせめてもの代償として夏休みを数日増やしたそうである。サービス残業の廃止を徹底するようにしたという自治体もある。現実的で賢明なやり方だといえよう。

いずれにしても、不当に損をさせられていると感じさせるようなマネジメントはどこかにしわ寄せがくる。どうしてもそうしなければならないときは、相手が心の中で不足分を埋め合わせるよう、有形無形の「報酬」を与えることが必要なのである。

自尊心を奪うことの恐さ

過剰な管理にはもう一つ、重大な悪影響がある。

「職業的自尊心」が組織的・個人的な違反とシステマティックな逆相関をもち、職業的自尊心の高い人ほど違反を犯しにくいという先行研究がある（岡本・今野、二〇〇六）。ここでいう職業的自尊心は、「『自分の職業が人に喜んでもらえる』かどうか」「『自分の職業が社会的に認められている』かどうか」「『自分の職業では自分の働きが同僚や上司に認められる』かどうか」といった項目からなる。

要するに、世間から尊敬されたり上司から認められたりして自分の職業に対しプライドがもてれば、不祥事は減るというわけである。裏を返せば、上司から厳しく管理されたり些細な違反で罰せられたりすれば自尊心が低下し、不祥事を起こしやすくなることを意味する。

実際、職場でたばこを吸ったとか一〇分間喫茶店に立ち寄ったとかいう程度で処分され、自称オンブズマンに一挙手一投足まで監視されていたら、自尊心を保つことは難しいだろう。

「粗暴型」「たるみ型」「私益追求型」の不祥事については管理を強化することで短期的には抑制できると先に述べたが、このように考えると長期的な効果はあやしくなってくる。近年、小中学校の教員や警察官、一般公務員の破廉恥な犯罪が増えているように感じるが、彼らに対する管理が強化され、世間のバッシングも激しくなったことと無関係ではないだろう。

どんなに厳しく管理し、厳罰で威嚇しても、相手がその気にならなければ不祥事をなくすことはできない。不祥事を防ぐ最大の抑止力は本人のプライドだということを忘れてはいけない。

二　管理と依存の悪循環を断つには

露呈されたモチベーションの低さ

二〇一五年五月に発覚した日本年金機構の情報流出事件。事件そのものは外部の犯人によって引き起こされたものだが、年金機構の管理の甘さに私は衝撃を受けた。サイバー攻撃を受けた後の対応のまずさが批判されるべきなのは当然だ。しかし、そもそも国民の個人情報を預かっているという強い責任感があれば、データをネットに接続するといったルーズな仕事はしないだろう。少なくとも一〇〇万人以上の個人情報が流出するという大失態は防げたはずである。

機構の責任はもちろん故意ではなく過失、つまり不注意にあるのだが、その不注意こそ職員のモチベーションの低さを物語っている。たとえるなら全財産をタンス預金にしておいて、空き巣にごっそり盗まれたようなものだ。自分の財産だったら、そんな不用心なことをするだろうか？

外部からの侵入を含めあらゆる危機を想定し、最悪の場合に備えて対策を講じようと動く者が幹部の中にいなかったのだろうか。二〇〇七年に明らかになった社会保険庁のずさんな年金記録の問題を受けて発足した年金機構だが、組織の体質そのものはまったく変わっていないことを露呈してしまった。

ここで持ち上げるのは気が引けるが、「標的型メール」を使って年金機構のシステムに侵入した犯人のモチベーションの高さは機構と対照的だ。専門家によるとその手口は実に巧妙で、知識と悪知恵のレベルは驚くほど高いという。

この事件にかぎらず、振り込め詐欺などの事件を見ていても、犯罪グループの能力とモチベーションの高さ、チームワークのよさにはつい感心させられてしまう。ある意味ではプロの犯罪といってよい。それだけに後手、後手に回る捜査や対策がいっそうもどかしい。

情報化社会、知識社会が進行するこれからは、「正義」と「悪」との攻防もますます頭脳戦になるのは確実だ。しかし双方の間にこれだけモチベーションの落差があれば、犯罪を防ぐことなどできないのではないかと悲観的になる。

鶏が先か、卵が先か

前節でも述べたように、管理が過剰になると個人の自尊心を低下させたり、判断力を麻痺させたり、モチベーションを下げたりするため、不祥事をかえって増やすことにもなりかねない。

にもかかわらず、なぜ管理一辺倒の対策をとるのか？

組織の立場としては、市民や社会、あるいは顧客に対する一種のパフォーマンスとして厳しく管理する姿勢を示さざるをえないという事情がある。しかし、それだけではない。

上司である管理職の口から聞こえてくるのは、「部下が指示待ちで、自ら行動しようとしないので細かく指導・管理せざるをえない」という声だ。ところが部下の側は、「上司が仕事を任せてくれないし、細かく口出しされるので主体的に仕事ができない」と不満をもらす。ある大企業で管理職と若手社員の両方が参加する研修を開いたときなど、双方が互いに相手の責任を追及する水掛け論がヒートアップし、怒号さえ飛び交うありさまだった。

いずれにしても、部下が自立しないから厳しく管理せざるをえないのだし、厳しく管理されているから自立できないのである。まさに「鶏が先か、卵が先か」の話だ。

そこで、どうすれば管理→依存→管理の悪循環を断ちきれるかを考えなければならない。

特効薬は、従業員を「プロ集団」に変えること

最善の、そしておそらく唯一の解決策は、従業員を「プロ集団」に変えることである。

では、なぜ「プロ集団」に変えれば不祥事が大幅に減らせるかを具体的に説明しよう。

なお便宜上、ここでは公務員を想定して述べるが、ほとんどの内容は大企業の社員や非営利団体の職員などにも当てはまるはずだ。

プロフェッショナルの要件として第一にあげられるのは、なんといっても専門的能力を有することである。

専門的能力がなければプロとは呼べない。そして行政などの実務に携わるプロは単に専門的な知識や技術を保有しているだけではなく、専門的な知識や技術を用いて問題解決できる能力が必要である。

とにかく専門的能力さえ備わっていたら、前述した「未熟型」の不祥事は起こらないはずである。

第二の要件として、公益に奉仕する責任があげられる。

プロには公益に奉仕する責任と引き替えに排他的な権限が認められている。医師だけが医療行為を、弁護士だけが法律事務全般を行えるのと同じように、公務員にしか行えない仕事がある。なお民間企業の場合には公益への奉仕義務はないが、プロを名乗ろうとするなら仕事上の倫理規範にしたがい、社会的責任をはたすことが求められる。

したがってプロとして公益に奉仕する責任を果たすなら、「私益追求型」の不祥事は防止できる。

第三に、専門的能力を発揮し公益に奉仕するため、仕事上の自律性が必要とされる。自律性は本人の能力や仕事に対する姿勢として求められるものであると同時に、組織によって保障されなければならないものでもある。

そして第四に、ユニバーサリズム（普遍性）があげられる。

プロの仕事には普遍性があり、たとえ組織を移ってもその能力や精神は通用するし、通用しなければプロとはいえない。彼らは意識や行動の面でも、所属組織の枠を超えてプロ同士が価値を共有するコスモポリタン（Gouldner, 1957-58）なのである。

第三と第四の要件は、いわゆる組織不祥事の歯止めになるはずである。プロとして自律的に仕事ができれば組織の利益を最優先したり、上司に取り入ったりする必要はない。犯罪や不祥事の片棒を担ぐくらいなら、転職すればよいわけである。したがって「組織エゴ型」や「ゴマすり型」の不祥事は防ぐことができる。

逆にいえば、わが国で「組織エゴ型」や「ゴマすり型」の不祥事が頻発する背景には、組織に依存しなければ生きていけない組織人の弱い立場があるわけである。一方、プロであるべき職種に就きながら組織の論理や上司の意向に唯々諾々としたがう者は、プロの風上にも置けないということになる。プロ中のプロであるべき検事によって引き起こされた大阪地検の冤罪事件などは、その意味でもきわめて悪質な不祥事だといえよう。

これらの要件に加え、プロの特徴として自尊心の強さや名誉への志向がある。プロの仕事は必ずしも金銭的な報酬で報われない。そのかわりに社会的な尊敬や名誉が与えられる。だからこそ、彼らは自分の仕事にプライドをもち、名誉を重視するのである。

先に紹介したように、プライド（自尊心）が高いほど違反を犯しにくいという研究結果がある。組織によって監視されていなくても、倫理に反するような行動は自分のプライドが許さないのである。しかも、事件や不祥事を起こすと一瞬にして社会からの尊敬は失われ、名誉は決定的に損なわれる。それが事件や不祥事を防ぐ大きな抑止力になっている。

もっと積極的な意味もある。プロは自分の仕事が自分の社会的な地位や名誉に直結するのでおしなべてモチベーションが高い。したがって「粗暴型」や「たるみ型」の不祥事も減るに違いない。社会保険庁、日本年金機構による度重なる不祥事も、モチベーションの高いプロ集団ならおそらく防げただろう。

このように、職員をプロにすることで、ここにあげたあらゆるタイプの不祥事が抑制できるはずである。「プロ集団づくり」こそが不祥事をなくすための王道なのである。

どうすれば、プロ集団に変わるか

そこで、つぎにどうすれば職員をプロの集団に変えられるかを考えてみよう。

まず、第一の要件である専門的能力を高めるためには、高等教育機関での教育を受けることが原則であるが、必ずしもそれは絶対条件ではない。仕事によっては独学で知識を身につけることも可能であるし、実践をとおした知識や技術の習得が大きなウエイトを占める。

その意味では、「ゼネラリストの育成」に名を借りた脈絡のないローテーション人事はあらためるべきである。本人の意思やキャリア形成を無視した人事課（部）主導の異動は、専門能力の蓄積を妨げるだけでなく、組織への依存やゆがんだ忠誠心を強め、それが不祥事を生む温床にもなっている。ローテーション人事そのものを否定するわけではないが、公務員の場合には少なくとも「行政のプロを育てる」というコンセプトにはこだわってほしい。

また専門能力を高め、同時に第二の要件である公益への奉仕を意識づけるうえで、学会や研究会、研修などへ積極的に参加させることも大切である。

つぎに、第三の要件である仕事上の自律性を高めるためには、思い切った組織改革が必要だ。第一章の第二節で述べたダイバシティの推進や、前章の第二節で述べた組織のフラット化がここでも重要になってくる。

個人の仕事の分担と責任を明確にしていくことも大きな課題である。職種や部署によっては業務や地域などを単位とした個人担当制を導入し、それが困難な場合には一人ひとりの貢献度や仕事ぶりを「見える化」していくべきである。庁内ＬＡＮや広報媒体を使って組織内外にそれを発信するのも一方法だ。

名を出すことは一石二鳥

さらに、不祥事のなかには組織を隠れ蓑にした匿名の個人によって引き起こされているものが少なくないことを考えれば、個人の分担・責任を明確にするのと併行して、個人の名を出して仕事をさせることも進めるべきである。

個人の名を出すのは、もちろん動機づけ、すなわちモチベーションを引き出すためでもある。

この動機づけこそが、プロを育てるのにいちばん重要なポイントである。そして自分の名を出して仕事をさせれば、自分の名誉にかけて良い仕事をしようとするし、優れたプロをめざして研鑽に励むようになる。

民間企業では個人の名で仕事をさせるようにしてから社員のモチベーションがアップし、仕事の質も上がったという事例がたくさん報告されている。たとえば、あるメーカーでは製品に製作者の名を入れるようにしたところ社員の意欲が顕著に高まり、離職者が出なくなった。また、いまでは新聞も署名入りの記事を載せるのが当たり前になったが、署名入り記事を取り入れた当時に新聞社で尋ねたところ、力の入った記事が増え記事の内容もよくなったという声が聞かれた。

役所でも佐賀県の武雄市は、樋渡《ひわたし》啓祐市長の時代、市長自身がマスコミに積極的に登場するだけでなく、職員も地元のテレビや新聞などマスコミで、それにツイッターやフェイスブックでも発言するよう促していた。

これまで役所では「職員は黒子であるべきだ」という建前から内部文書はもとより外部に発表するレポートなどにも執筆者の名を記さないケースが多かったが、「プロ集団」を標榜するなら原則として名を出すようにしたほうがよい。組織の中でも個人の知的所有権、著作者人格権を尊重していくのがこれからのありかたである。

なお、個人名を出す際に注意すべきなのは、同時に仕事上の裁量権も与えなければならないということだ。裁量権がないなかで名前を出せば動機づけにはつながらず、単なる監視の手段に成り下がってしまう。

民間企業でも最近は胸に名札をつけたり、自ら名乗ったりして顧客サービスをするのが標準になってきたが、名指しのクレームがくるなどしてストレスが高まり、離職するケースも増えているそうである。顧客への電話対応を専門に行うコールセンターは、三年でスタッフが入れ替わるほど離職率の高い職場だが、ある会社では自ら名乗らせる一方、マニュアルよりも自分の裁量で応対させるようにしている。その結果、離職率は業界平均の三分の一にとどまっているという。

そして、第四の要件であるユニバーサリズムを保障するには、キャリアが外部に開かれている必要がある。一つの組織の中で職業生活をまっとうするとなると、どうしても組織への依存が強くなり組織の論理を優先せざるをえなくなる。また、知らず知らずのうちに「井の中の蛙」状態になって、社会の常識との間にズレが生じる。

そこで、役所間、あるいは役所と民間企業との間で人事の交流をもっと進めることが望ましい。ただ、現在行われているような期限を区切った派遣方式は、外で経験を積めるというメリットはあるにしても、プロとしてのキャリア形成という点ではあまり意味がない。派遣されても心は派遣元に置いてくるからだ。プロが育つという点では、アメリカなどのように自らの意思で組織を移りながら能力を高め、キャリアアップしていくというのが理想だろう。

第四章　厳選された人材は伸びない

一　公募で逸材が採れないわけ

美少女コンテストのグランプリは活躍しない

私たちは人を評価すること、そして優れた人材を選抜することは当然だと思っている。しかし、これほど難しく、かつ有害なものはない。しかも、その難しさや弊害は以前に比べ急速に大きくなっている。

なぜか？　本章では、それを説明しよう。

人材発掘の難しさを語るとき、いつも私の念頭に浮かぶのが「第二の石原裕次郎」である。

一六年も前なので憶えている人は少ないかもしれないが、石原プロモーションは二〇〇〇年に〝オロナミンC「1億人の心をつかむ男」21世紀の石原裕次郎を探せ！〟というセンセーショナルなふれこみの新人発掘オーディションを行った。一六〜二五歳男性の応募者五万二〇〇〇人の中から選ばれたのは当時二二歳の徳重聡だ。長身で二枚目の新人スターは、さすがに五万人の中から選ばれただけの輝きを放っていた。

のちに芸能界にデビューし、看板ドラマの主役を務めるなどテレビや映画に出演した。しかし必ずしも大ブレークしたわけではなく、印象も薄かった。その後も芸能活動を続けているものの、「第二の石原裕次郎」という看板の大きさからすれば、正直なところ活躍ぶりは物足りない。

ある人にこの話をしたところ、「美少女コンテスト」のグランプリ受賞者だって同じだと教えてくれた。オスカープロモーションが女性タレント発掘のために一九八七年から開催している「全日本国民的美少女コンテスト」のことだ。

この世界の消息に疎い私は、学生の手も借りながらさっそく調べてみた。そして、第一回から第一三回までの受賞者を一覧表にしたうえで、大学生に教室でタレント名を一人ずつ読み上げながら、彼らがそのタレントを知っている（名前を聞いて顔が思い浮かぶ）か否かを聞いてみた。

すると、ほぼ全員が知っているタレントと、ほとんどだれも知らないタレントにきれいに分かれた。それをあらわしたのが図表4である。網掛けしたのはほぼ全員が「知っている」、△印はほぼ半数が「知っている」、それ以外はほとんどの学生が「知らない」タレントである。一見して、△印はきわめて少ないことがわかるだろう。

学生の年齢が二〇歳前後と若いこともあってか、第五回までの受賞者はまったくといってよいほど知られていない。そして驚くべきことに、ほぼ全員が歴代のグランプリ受賞者を知らなかった。知っていたのは特別賞や部門賞の受賞者ばかりである。

ただ、もしかしたら授業を受けていた学生だけの特殊な傾向かもしれない。そこで念のためグーグルで一人ずつ名前を検索して、どれだけの件数がヒットするかを試してみた。

その結果、学生の回答と同じような結果が出た。知名度でみるかぎり、グランプリ受賞者の完敗である。ちなみに、おそらくたいていの人が知っていると思われる剛力彩芽も第八回で予選落ちしている。

グランプリに選ばれたタレントよりも選ばれなかった、そして特別賞や部門賞を受賞したタレントのほうが活躍しているのだ。とても不思議な現象である。

その理由について分析するのは後回しにして、そもそもなぜ選ぶことはたいへんなの

図表4　全日本国民的美少女コンテストの歴代受賞者

グランプリ

第1回	藤谷美紀	
第2回	細川直美	
第3回	小原光代	
第4回	小田茜	
第5回	今村雅美	
第6回	佐藤藍子	審査員特別賞：米倉涼子
第7回	須藤温子	審査員特別賞：上戸彩
第8回	渋谷飛鳥、阪田瑞穂	
第9回	河北麻友子	グラビア賞：原幹恵
第10回	山内久留実	演技部門賞：福田沙紀
第11回	林丹丹	演技部門賞：宮﨑香蓮 審査員特別賞：△忽那汐里 モデル部門賞・マルチメディア賞：武井咲
第12回	工藤綾乃	
第13回	小澤奈々花、吉本実憂	審査員特別賞：井頭愛海

注：網掛けはほとんどの学生が、△はほぼ半数の学生が「知っている」と答えたタレント。

資料：2014 OSCARPROMOTION CO., LTD. のホームページをもとに作成。ただし、網掛けと△印は著者がつけたもの。

か、そしていっそう難しくなったのはなぜかを説明することにしよう。

ますます選別が厳しくなった

組織というものは人を選びたがる。いわば習性のようなものだ。

それには理由がある。優れた組織をつくるには優れた人材を獲得し、適材適所で処遇しなければならないというのが表向きの理由である。しかし、ほんとうはそれだけではない。選ぶことによって組織の内と外を隔てる壁をつくり、成員に対する権威、影響力を保ち、組織の求心力を維持することができる。

そして、その恩恵は組織だけにとどまらず選ぶ立場の人にも及ぶ。だから選びたいのである。

もっともそれは選ぶ側の論理であり、選ばれる側の個人には関係のないことである。いや、関係がないどころか、はっきりいって迷惑である。だからこそ大義名分、すなわち選ぶことの必要性、妥当性があってはじめて容認される。

では、その必要性、妥当性がいまどうなっているか？

少しまわりくどい説明になるが、しばらくおつきあいいただきたい。

資源の乏しいわが国では、人が頼りだ。企業も社会も人で勝負しなければならない。とくに知識社会、高度技術社会を迎えて、優れた人材を選抜しようという意欲はいっそう高まっている。

企業が新卒で社員を採用する際には学歴でまずふるいにかけ、その中から書類審査、適性検査、そして面接を何度も行いながら候補者を絞り込んでいく。当然ながら有名企業、人気企業ほど倍率は高くなり、なかには競争率が数百倍、あるいはそれ以上というところもある。その中から即戦力として期待でき、なおかつ将来性もある人物を選ぶのは企業にとってたいへんな作業であり、最近は外部の専門機関を活用するところも増えてきた。

採用後も厳しい選別は続く。組織のスリム化によって役職ポストが減少傾向にあるため、幹部になるための関門はいっそう狭くなった。幹部の選抜には企業の命運がかかっているため、最近はここでも外部の専門機関を利用するケースが増えている。

それだけ厳しい選抜の網をくぐってきたのだから、一流企業に採用された人材、要職に登用された人材はさぞ優秀だろうと想像する。

ところが、期待して採用したが使えないとか、要職に据えたらさっぱりダメだったという話をよく耳にする。不適格ですぐに異動させたり、離職したりする例の多さを考えたら、以前よりも「選抜の失敗」は増えているようだ、というのが現場の声である。ちなみにリクルートマネジメントソリューションズが行った昇進・昇格の実態調査でも、管理職の降格運用をしている企業は一九九一年には六社に一社だったのが、二〇〇九年には三社に一社へ倍増しているという。

「選抜の失敗」が増加している背景には、やはり仕事そのものの変化がある。

わが国は明治初期の産業革命以来、一〇〇年以上続いた工業社会で大成功を収め、驚異的な成長を遂げてきた。その工業社会では、高品質な製品をいかに低コストで迅速に生産するかが問われた。高品質、低コスト、迅速さが追求される点は販売やサービス、それに事務作業も同じである。

しかも、そこでは常に目標となるモデルがあった。欧米の先進的な知識や技術を取り入れ、日本風にアレンジすればよかったわけである。

このような条件のもとで人間に求められた能力や資質は、いわゆる「読み書きそろばん」と知識の量、記憶力、それに正解のある問題を素早く正確に解く能力などである。また、集団の和を乱さず組織と上司に忠実で、勤勉な人物が求められた。

これらの能力や資質の有無は、学歴や資格などによってある程度判別できるし、試験や面接などでかなり正確に評価できる。それに基づいて選別すれば、大きな間違いはなかったのである。

ところがポスト工業社会に入って、状況は一変する。一九七〇年代に登場した産業用ロボットやオフィスコンピュータなどに代表されるＭＥ（マイクロエレクトロニクス）技術革新、そして九〇年代からのＩＴ革命、さらに近年の人工知能といった技術の発達は、それまで人間が行ってきた仕事をつぎつぎに奪っていく。

「選んでも、、、ハズレる」時代

その特徴は、アウトプットを生むプロセス、言い換えれば原因と結果の関係が明確でパターン化できる仕事は機械やコンピュータに取って代わられるということだ。裏を返せば、プロセスがパターン化できない仕事は最後まで残ることを意味する。したがって独創性や創造性、勘、ひらめきといった人間特有の能力がこれまで以上に重要になってくる。

もちろん知識の量や質、それに問題解決力、論理的思考力などもベースとして必要なことは変わらないし、独創性や創造性などもいずれ人工知能に代替される可能性はある。ただ価値の源泉としての能力がいま、前者から後者へ大きくシフトしていることはたしかである。

そのため企業の現場ではすでに、ある種の不適合があらわれている。高学歴でエリートとして採用され、順調なキャリアを歩んでいた社員が、事業の中枢を担うようなポストに就いたとたん、壁にぶつかって挫折するケースが増えているそうだ。市場の風、グローバル化の波にさらされる地位に就いてはじめて、受験秀才型の能力が通用しなくなっていることを思い知らされるのである。

では、社員を採用する際に、あるいは採用後の人事評価で、新しく重要になった能力を見るようにすればよいのか?

いや、それほど単純な問題ではない。能力の性質がこれまでとまったく違ってきているところに注目する必要がある。

独創性や創造性にしても、あるいは想像力や洞察力にしても、それが発揮されるプロセスは人間の頭の中にある。したがって、頭の中が覗けないかぎりプロセスを評価することもできない。

そう、端的にいえばポスト工業社会は人間の能力を、さらにいえば人間そのものをあらかじめ評価することができない時代なのである。そして評価ができなければ選ぶこともできない。私たちはいま、人を評価したり選んだりすることが困難な時代に突入したと覚《さと》るべきである。

けれども人間の習性や社会の慣習はなかなか変わらない。とくにわが国は一世紀以上にわたる工業社会での成功体験があり、それが人々の考え方や共通の価値観となって社会の隅々にまで染みこんでいるため、変えようという気運さえ生まれない。

そのため企業で人を採用する際には、「これからは創造性が大切なので、創造性をテストしよう」という発想になる。現に創造性を評価するため、さまざまなテストが取り入れられている。しかし企業で聞いてみると、ほんとうに創造的な人材が採れているという自信はないようだ。

その理由は、仕事などで実際に創造性を発揮する場面と、創造性をテストする条件があまりにも違いすぎるからである。

実際の仕事では何を調べてもよいし、他人に相談してヒントを得てもよい。かなりの時間をかけてもよい。優れた創造性を発揮する人の中には、多様なネットワークで他人の意見を聞いたり、ディスカッションしたりしながら自分のアイデアを熟成し、創造的な成果をつくりあげていく人が多い。

そこには仕事にどれだけの意義があるか、周囲からどれだけ期待されているかといったモチベーションの要素も当然からんでくる。テストだと本気は出せないが、実際の仕事では見違えるほど力を発揮する人がいるのはそのためである。

このような現実社会での創造性は、閉ざされた環境で短時間に試せる創造性とはまったく質が違うといってもよいだろう。

そもそも既存の尺度で評価できないから創造的なのであり、創造性をあらかじめ評価しようというのは論理矛盾である。評価する人の手のひらに載せられるようなら、とても高度な創造性だとはいえない。

要するに現在、「選んでもハズレる」(可能性が高い)時代に入っているわけである。それは、選別の妥当性が低くなったことを意味する。

そして、「選んだらハズレる」時代へ

ここで、冒頭の話に戻ろう。

「第二の石原裕次郎」や「美少女コンテスト」にかぎらず、タレントや芸能人、作家などを実績ではなく才能や将来性に着目して選んだ場合、結果的にハズレているケースが多いようだ。

なかでも興味深いのは、やはり「美少女コンテスト」である。グランプリに選ばれた人より選ばれず特別賞をもらった人のほうが活躍しているという事実は、「選んでもハズレる」どころではなく、「選んだらハズレる」ことを意味しているわけであり、選ぶことそのものを真っ向から否定しているといえる。

なぜ、このような現象が起きたのか？

すぐに想像できる理由は、つぎのようなものである。

まず、グランプリは多くの人の目によって、しかもあらゆる角度から評価して選ぶので、どうしても角がとれた人が選ばれる。つまり、とんがった人が選ばれにくいわけである。

しかも、みんなで議論して選ぶと、きまったパターンの結論に落ち着くことが多いようだ。つぎのエピソードは、それを物語っている。就活生の中には有名企業を片っ端から受け、そのほとんどで内定を得ている者がいる。彼らは「面接で見るポイントはきまっているので、それに合うよう対応すれば必ず合格する」と豪語する。集団的意思決定は平凡になりやすいのである。

またグランプリに選ばれたら、その名を汚してはいけない、期待に応えなければならないと本人も周囲も意識するので自ずと守りに入る。逆に選ばれなかった側は比較的プレッシャーが小さく、「見返してやろう」という気持ちをバネにして攻めの姿勢に入れる。その差も影響しているに違いない。

避けられない既視感

しかし、それだけではないだろう。そもそもグランプリを選ぶときは、とんがった魅力があるかどうかを基準にしているはずだ。またグランプリに選ばれたら特別な機会が提供され、支援も受けるのでスターになるには圧倒的に有利なはずである。

つまり、そこにはもっと深い理由がありそうだ。

私は、つぎのような理由があるのではないかと考えている。

「選ぶ」という行為は何かの基準によって行われる。その基準の背後には、過去の経験やデータがある。たとえばチャーミングな笑顔にしても、人なつっこさや素敵な話し方にしても、無意識のうちに過去の経験に照らしながら評価しているはずだ。同じような特徴をもった人、どこか似た人がスターになっているというように。

それは、裏を返せば新奇性、意外性を捨てているということである。そもそも既成の価値観や基準に合わないから新奇、意外なわけであり新奇性、意外性で選ぼうとしてもそれは自己矛盾である。独創性や創造性で選ぶこと以上に無理がある。

潜在的なファンやテレビの視聴者も、たとえ濃度の差はあるにしてもグランプリを選ぶ人と同じような基準を共有しているはずである。だから、グランプリに選ばれた人には既視感を覚える。最初に見たときは自分の中にある基準と一致しているので魅力を感じても、それ以後、意外性に導かれる発展がない。むしろ飽きていく一方なのだ。

新奇性、意外性が命の世界において、それは致命的な弱点である。最初から魅力的なタレントが期待どおりの魅力を振りまいても、ドキドキ感やワクワク感がない。逆に欠点だと思っていたところがチャームポイントに変わったり、見逃してきたところがクローズアップされてきたりすると人々は引きつけられ、虜になる。いわゆる「化ける」ことが必要なのである。もしかするとドキドキ感やワクワク感は、変化の大きさに比例するのかもしれない。

象徴的な存在がＡＫＢ48だろう。

ＡＫＢ48のファンの中には、彼女たちがほとんど無名のころから応援している人も多い。身近な存在だった彼女たちが苦闘しながら成長し、スターになっていくプロセスに自己を同一化させ、一緒に泣いたり笑ったりしながら応援しているのである。おそらくそこで達成欲求や自己実現欲求も一緒に満たしているのだろう。やはり、そこでは新鮮さ、変化、意外性が不可欠なのである。

新奇性、意外性こそが命に

この現象の中に、これからの時代を象徴するものが含まれているように思える。

日本をはじめとする先進国では経済的に豊かになり、生活必需品はもちろん、お金で買えるものはたいてい手に入るようになった。電気製品にしても自動車にしても、いくらよい製品をつくってもなかなか売れない時代である。

若いサラリーマンや学生たちの中には暇さえあればパソコンやタブレットで映画を見たり、面白い情報を探したりしている人が少なくない。通勤・通学の車内でも、スマホのゲームや雑誌の漫画に夢中になっている人がとても多い。モノではなく遊びに時間とお金を使うようになったのだ。まさしく「ホモ・ルーデンス」＝遊戯する人間（ホイジンガ、一九七三）である。

街中を見渡しても、映画館、パチンコ店、ゲームセンター、漫画喫茶、カラオケ店などアミューズメント系の施設がいたるところにあって大きな存在感を示している。そうした「遊び」には新奇性、意外性が必要条件である。お笑いやドラマだって意外性が命である。美容やファッション、体験型ツアーなどのほか自動車やオーディオ製品のような製品にもまた消費者はユニークさや意外性を求めるようになってきている。

人間は常に刺激を求める動物である。生活に余裕が出てくれば、新たな刺激や変化を追求するようになるのは必定である。それだけに予定調和的な選別・選抜はますます拒否されるようになるのだ。

当然ながら、それは新しい知識やアイデアを生みだす「人」にもいえる。いや、知識やアイデアが未知の才能にかかっているだけに、予定調和的な人の選別・選抜は弊害がいっそう大きい。

このように、「選ぶとよい時代」から「選んでもムダな時代」へ、そして「選んだらダメな時代」へと移り変わってきたのである。

競争率が上がると逸材が採れない、もう一つの理由

ここまで選ぶ側に照準を合わせながら、選別の問題点を述べてきた。

つぎに、こんどは選ばれる側に焦点を移し、選別の問題点を追究しよう。

大阪市は役所体質に風穴を開けようと公募で区長を選んだものの、鳴り物入りで登場した民間出身の区長がつぎつぎに不祥事を起こして物議を醸した。そこには選別のもう一つのむずかしさが露呈されている。

ここで、私が身を置く大学の例を取りあげてみたい。ただし私がいま在籍している大学の話ではなく、大学の一般的な話であることを断っておく。

大学で新たな教員のポストを設置したとき、あるいは退職で空きポストができたとき、近年は外部に公募して応募者の中から採用するのが通例である。常勤ポストの場合、一名の採用に数十名から一〇〇名以上の応募者がある場合が少なくない。その中から経歴や研究業績などを審査して採用候補者を決めていくのである。

これだけの倍率の中から選ばれるのだから、優れた教員が採用されるはずだと思われるだろうが、実際は必ずしもそうではない。先に述べたとおり選ぶという行為にも大き

な問題があるわけだが、そもそも応募者の中に優れた人材がいないことがよくある。それは、経済学でいう「取引コスト」によって説明できる。

ほんとうに採用したいような優れた人材は、すでに条件のよい職場で恵まれた待遇を受けている可能性が高い。そのため、よほど待遇がアップしないかぎり別の大学に移ろうとは思わない。

しかも応募するには履歴書や業績目録などを準備したり、採用面接を受けたりしなければならない。それ自体にかなりの時間と労力を要するだけでなく、審査の過程で言葉は悪いが周囲の「さらし者」にされる。また応募したこと自体がもし、いまいる大学に知れたら居心地が悪くなる。それらは広い意味での取引コストである。

そして、いうまでもないことだが応募倍率が高くなるほど、採用される、すなわちコストが回収される可能性は低くなる。倍率が五〇倍、一〇〇倍ともなれば選ぶ側の主観や運にも左右されるので、いくら実力や実績があっても採用されるとはかぎらない。極端にいえば宝くじを買うようなものだ。

採用されなければすべてが徒労に終わり、コストだけが残る。だから、優秀な人材はあまり応募してこない。逆に実績が乏しく現在待遇に恵まれていない人が、ダメ元で応募してくるケースが多いのである。ぜひ採用したい人材を一本釣りするほうが優秀な人材を採れるケースが多いのは、採用される側の取引コストが小さいからである。

民間企業や役所の公募採用でも同じことがいえる。優れた人材は現在の職場で高い評価と待遇を受け、満足している可能性が高いのでなかなか応募してこない。逆に、「ぜひ御社の役に立ちたい」とか、「どんな仕事にも全力投球するので採用してほしい」と熱心に応募してくる人は、何らかの理由により現在の職場で不遇をかこっている可能性があると疑わなくてはいけない。

二 「選ばない」という見識

人権問題に発展するおそれも

もう一つは人権上の問題である。

人権というと大げさに聞こえるかもしれないが、「選ぶ」ということはそれだけ危険な行為なのである。とくに公的機関や税金を使って運営される団体などには、選んだ理由について説明責任が求められる。

代表的なのが公務員の採用試験だ。縁故や情実といった不正や不明朗な採用を防ぐために取り入れられているのが筆記試験などの客観テストによる採用である。それが公務員に必要な能力を見きわめるのに適しているかどうかは別にして、少なくとも客観性、公平性という点において優れた方法だったことは間違いない。

ところが近年、公務員も民間企業と同様に面接や作文などを重視する傾向が強まっている。地方公務員の場合、かりに一〇〇人採用するなら昔は筆記試験で一一〇人程度合格させ、面接で問題のある一〇人くらいを落とすというのが通例だったが、いまは筆記試験で三〇〇人ほど合格させ、その中から面接で一〇〇人ほどに絞っていくといった選考をしている自治体が多い。なお国家公務員についても傾向は大きく違わない。

面接では熱意や志望理由などのほか、人物や人間性が重視される。たしかに人物や人間性は大切である。問題は、それを面接官が判断するところにある。人物や人間性が大切だから面接で評価するというのはあまりにも短絡的すぎる。人物にしても人間性にしてもきわめて抽象的であり、評価する基準はないに等しい。しかも「組織」として選ぶのでだれも責任を負わない。集団的無責任体制である。にもかかわらず組織的意思決定として正当化されるので始末が悪い。

人物や人間性を理由に選考すれば、好き嫌いや縁故、情実による採用だろうが、思想・信条による差別だろうが、あらゆる不条理なものが隠蔽されてしまう。その意味では、時の政権が都合のよい役人を任命する猟官制（スポイルズ・システム）時代への逆戻りだといってもよい。

とりわけ私が問題視したいのは、不合格とされた人への人権侵害である。「人間性で選んだ」ということは、選ばれなかったのは「人間性で劣っていた」ことを意味する。もっとも昔のように一一〇人の中から一〇人落とす程度なら、常識的に考えて落とされた人に「問題があった」といえるかもしれない。だれが見ても明らかに問題がある人や、仕事への適性を欠く人は一定程度いるからである。

しかし三〇〇人の中から一〇〇人を選ぶとなると話は別である。おそらく、その境界線はあいまいで選ぶ人によって大きく変わってくるだろう。落とされた二〇〇人が選ばれた一〇〇人より人物、人間性で劣っていたということをどうやって説明するのか。もしかすると不合格になった受験者の中から、「人物、人間性が劣っている」とレッテルを貼られたことに対して名誉毀損、あるいは人格権、平等権の侵害だと訴えてくる者がでてくるかもしれない。

ますます問われる説明責任

同じことは、オリンピックや世界選手権の代表選考などについてもいえる。

マラソンの代表選考などでたびたびしこりが残るのは、「活躍できそうな選手を選ぶ」という主観的であいまいな方法がとられるからである。ときには客観的な記録や順位よりもそちらのほうが優先されるケースもある。しかし、活躍できるかどうかはだれにもわからない。たとえていうなら競馬で優勝馬を当てるようなものである。

選ぶ側からすると、税金を使い、国の代表として派遣するのだから活躍できそうな選手を選ぶのは当然だというのが表向きの理屈だろう。しかし選手の側からすれば、税金を使うのだからこそ、公平に選出される権利があるという話にもなる。活躍できるかどうかより、公平かつ客観的に選ばれるほうが大切だという考え方だってできるのだ。

国民の税金が投入される分野では、これからいっそう説明責任が問われるのは間違いないし、民間企業でも社会的責任はいちだんと重くなる。

「選ぶ」という行為は、これまでいろいろな場面で当たり前のように行われてきた。そして近年、いっそう厳しく選ぼうという気運がある。しかし、あらためて考えてみると人を選ぶということは傲慢で危険な行為でもある。しかも選ぶことの妥当性が低下してきていることはすでに述べたとおりである。

要するに、人が人を選ぶという行為をできるかぎりなくすという謙虚な姿勢を保つべきであり、「選ばない」というのは一つの見識である。

「恣意」を前提にした採用方法も

そもそも社員（職員）を採用する側の企業や役所にとって、海のものとも山のものともつかぬ新卒者を学歴や面接だけで採用するのはリスクが大きい。

リスクを避けるため、海外では数か月の試用期間に能力や適性を確かめてから本採用する企業が多い。またアメリカでは、長期のインターンシップで企業と学生の双方が相手を見きわめたうえで就職するのが主流になりつつある。

インターンシップを採用に直結させてはならないとされている日本でも、最近はインターンシップで実績や適性を確かめて採用するところが増えているし、アルバイト、派遣で実力を発揮した者の中から正社員として採用する企業も少なくない。

いずれにしても実績に基づいて採用すれば失敗するリスクは低くなるので、あいまいな将来性で選ばなくてもよいわけである。

それでも選んで採用する必要がある場合には、思いきって発想を逆転させ「恣意的な評価」を前面にだしながら選別するという方法を取り入れてはどうか。

たとえば、大企業なら人事部員一人ひとりに一定数の採用を任せ、中小企業なら毎年一人もしくは少数の採用担当者をきめ、彼らの眼鏡にかなった人材を採用する。あるいは中途採用なら、個人が「これは」と思った人をヘッドハンティングしてもよい。

従来の常識からは外れた方法だが、美少女コンテストのグランプリより審査員特別賞の受賞者が活躍しているといった現実を見ても、一人の目で選ぶほうがむしろ個性的な人材を採用できるかもしれない。それが結果として社内にダイバシティ（人材の多様性）をもたらすことにもなる。また、型破りな人材が採用されれば、企業風土の変革にもつながるはずだ。選ぶ側も他人に責任転嫁できないので、より真剣に人材を見きわめようとするだろう。

個性的で革新的な人材がいっそう求められるこれからの時代には、従来のように組織の論理、集団力学の中で選ぶよりも個人の眼力と責任で選ぶほうが合理的であり、なおかつ説明責任をはたすことになるかもしれない。

第五章　大学入試に抽選を取り入れよ

一　競争試験はなぜダメか

偏差値アップの落とし穴

「長い間学生を見てきたが、昔に比べて学生の粒が小さくなった」。知り合いの某有名国立大教授がこう嘆く。同様の話はほかでもたびたび耳にすることから、とくに偏差値の高い国立大学に共通する現象のようだ。

国立大学に入学するためには、一般に五教科七科目のセンター試験に加えて二次試験で二、三科目を受験しなければならない。しかも、少子化によって「大学全入時代」になったといわれるが、有名国立大学になると相当に狭き門である。受験科目の数だけ見ても入試のハードルはむしろ増えていることがわかる。

国立大学にかぎらず偏差値の高い大学に入るには、生まれつき記憶力や理解力などの能力や素直さ、粘り強さといった特性を備えた者が、志望校への合格をターゲットに定め、長期間にわたってハードな学習をこなさなければならない。

そのような資質を備え、努力して合格した者の中には先天的な、あるいは後天的な「受験スペシャリスト」が少なくない。要するに偏差値が高くなりすぎると、勉強もできるのではなく勉強ならできるという、「受験スペシャリスト」しか大学に入れなくなるのだ（もちろん例外はあるが）。

入学試験だけではない。最近は留学や就職のためにＴＯＥＩＣを受験する学生が増えているが、学生の就職事情に詳しい人の話によると、ＴＯＥＩＣで満点近い点数を取っている学生は意外にも就職活動で苦戦しているそうだ。また大学を首席で卒業した学生は、社会に出てからあまり活躍していないともいわれる。

そこには選別による競争の弊害が象徴的な形であらわれている。前章では選ぶという行為の限界と問題点を見てきたが、ここでは選ばれる側に焦点を合わせながら「ゼロサム」型の競争がもたらす悪影響について考え、それを解消するための方策を提案したい。

入試とは何か？

ここで、まず大学入試の目的や性格をはっきりさせておこう。

入学試験の目的は二つある。

一つは大学教育を受けるに値するだけの能力や資質を備えていることを確認するため。もう一つは大学で教育できるキャパシティ（具体的にいえば定員）内に志願者を絞るためである。本来、大学教育を受けるに値するだけの能力や資質を備えている者は全員合格させればよいはずだが、キャパシティの制約があるので受け入れられない。その意味で入試は必要悪的な側面をもっているといえよう。

要するに、入学試験、正確にいうと入学者選抜は、「機会を与える者を選ぶ」ために行うのである。したがって、競争させたり順位をつけたりすること自体に意味はないわけである。それどころか基準をクリアしている者については、成績が上位の者から合格させるという絶対的な理由もない。特別に優秀な者には大学の教育水準が低すぎて物足りないかもしれないし、そもそも大学教育を受ける必要がないという考え方だってできる。

合格することがゴールではなく、「機会を与える者を選ぶ」ための選別であるという点では、会社の採用試験や、オリンピック出場選手の選考などと同じである。そこがゴールであるオリンピックの本番、あるいは同じ選考でもノーベル賞や直木賞、芥川賞などを選ぶのとは性格がまったく異なるのである。

選抜が自己目的化

ところが実際には、この原点が見失われている。入試が自己目的化し、制度が独り歩きしているのだ。

大学がいわゆるブランド化し、有名大学になると小学生、中学生の段階から進学塾に通うなどして受験中心の生活を送らなければならない。そして実際の入試では、大学教育を受けるのに必要な能力・資質を確認するという本来の目的とは無関係に競争がヒートアップする。なかには受験者をふるい落とすために、いわゆる難問奇問を出題する大学もある。

かつて「四当五落」（四時間しか寝なければ合格するが、五時間も寝ると不合格になるという意味）とか「三当四落」といわれたように、他の受験生ががんばれば自分はそれ以上にがんばらなければならない。かぎられた定員の枠に入ることをめざした「ゼロサム」型、すなわち食うか食われるかの競争が繰り広げられる。

そこでは競争に直接役立たないもの、無駄なものはすべて切り捨てられる。受験に必要な能力以外は伸ばす余地がないし、自分が合格するためには手段を選ばないエゴイストが育つわけである。さらにそれが人々の間に敵対意識をもたらし、ルサンチマン（怨念）を生んでいるとしたら罪は重い。

それでも受験勉強で身につけた知識や能力が社会に出てから役立つという保証があれば、受験の副産物として評価できるかもしれない。実際、かつてなら「受験スペシャリスト」も、その多くがエリートとして職業生活をまっとうできたはずである。

しかし、ITの急速な発達などによって、入試で試される能力の価値が相対的に低下し、受験で試される能力・資質と社会に出てから求められるそれとのギャップは拡大している。前章で述べた会社の採用試験の場合と同じ現象が大学入試にも起きているのだ。しかも人工知能の発達によって、そのギャップが今後ますます大きくなることはほぼ間違いがない。

つまり社会の登竜門をくぐるためには、必ずしも大きな価値をもたなくなった受験勉強に、いまなお貴重な子ども時代、青春時代の多大な時間とエネルギーを投入しなければならないわけである。

過度な受験競争がもたらすこの種の弊害については、以前から教育界、実業界などさまざまな立場から指摘されてきた。焦点は若干異なるが、ここでの議論にかかわる一つの見方を紹介しよう。

教育社会学者の竹内洋によると、現在につながる「トーナメント型」選抜は、旧制高校に入れば帝国大学への進学がほぼ保証された「庇護型」選抜にかわって大正時代に登場した。彼は「トーナメント型」選抜の及ぼす弊害をつぎのように指摘している。

庇護型選抜と異なって、トーナメント型選抜は何になるかや、何をするかの遠い未来の野心を背後に退かせる。遠い野心が後退するだけではない。学歴の最終ゴールさえも後退しがちである。目前の（中学・高校）選抜のことだけに注意が集中されるからである。トーナメント型は目標の置換を作動させることによって長期的野心（卒業後の職業志望）を蒸発させ解体させる。野心が学歴獲得に局所化するだけではない。野心はさらに目前の学歴獲得だけに微分化される。（竹内、一九九七、一二九頁）

入試制度がはらむ問題の一側面をみごとに突いている。さらに、いまではそれに加えて入試で問われる能力の価値も低下しているのである。ちなみに、それは会社の採用試験や人事評価制度にも当てはまることであり、もっと視野を広げるならグローバルに通用する人材の輩出という国家的課題ともかかわってくる大きな問題だ。

中教審答申への不満

周知のように入試制度の現状については、これまで幾度となく議論がくり返されてきた。文部科学省を頂点とする教育行政ももちろん現状を肯定したり手をこまぬいたりしていたわけではなく、入試制度は猫の目にたとえられるほどクルクルと変わり続けた。

そして二〇一四年一二月、文部科学大臣の諮問機関である中央教育審議会は「新しい時代にふさわしい高大接続の実現に向けた高等学校教育、大学教育、大学入学者選抜の一体的改革について」という答申を出した。

その中では現在の教育制度や入学者選抜制度が時代の要請に合わなくなったことが強調されており、現行の大学入試センター試験を廃止して、思考力・判断力・表現力などを評価する「大学入学希望者学力評価テスト（仮称）」を導入するよう提言している。

この答申の前提となっている問題意識や、改革のめざす方向についてはおおむね首肯できる。しかし、残念ながらその方法には賛同できない。

答申では、「人が人を選ぶ」個別選抜を確立するよう述べているが、たとえ選ぼうとする要素が妥当なものだったとしても、前章で述べた選ぶことそのものの問題点は解消されない。それどころか、「人が人を選ぶ」ということを堂々と前面に出しているのには強い違和感を覚える。

さらに自己目的化した過剰な競争をどうするかという改善策については、隔靴掻痒の感がある。

それは、問題の核心に迫りきれていないからである。

「受験必要論」を糺す！

かつてささやかれた「四当五落」「三当四落」という言葉が象徴するように、入学試験は努力が成果につながりやすいという特徴がある。だれでも努力すれば結果がついてくるという意味では公平な制度だといえよう。それが庶民に開かれた社会的地位の獲得手段として広く支持されてきた理由である。

さらに世間には、受験勉強そのものの効用を説く人も少なくない。子どもたちは受験という目標があるからこそ努力するし、その過程で勤勉さや克己心、正しい生活習慣も身につく。そして、受験をとおして得た「やればできる」という自信はその後の人生にとって大きな財産になると。

当然ながら受験産業をはじめ受験にかかわる人たちには積極的な支持派が多い。いまや受験界のカリスマ的な存在である予備校講師の林修は、勝敗をかけた競争を肯定したうえで、いまの受験競争はむしろゆるすぎると述べている。そして彼は、それが受験勉強でなくてもいいと断りながらも、一六〜一八歳の時期に受験勉強に打ち込むことの意義を説いている（林、二〇一三）。

たしかに、努力が裏切られない受験という制度には、ここにあげられているようなある種の教育効果がある。現状では受験以上にその役割を果たしている制度が見当たらないのも事実だろう。

しかし入試の目的は前述したとおり、大学教育を受けるに値する能力や資質を備えていることを確認すること、ならびに定員内に絞ることだという原点を忘れてはならない。したがって受験勉強そのものに効用があるとしても、それは随伴的な（たまたまついてくる）効果であり、効用があるから受験が必要だというのは本末転倒である。かりにこの論理を認めれば、人間が鍛えられるから徴兵制は必要だというような話にもつながってしまう。

少年時代に目標をもって打ち込むことの意義を説くなら、林自身もいうとおり、それが受験でなくてもよいわけである。そして、必ず敗者がでる「ゼロサム」型の競争でなくてもよいはずだ。

「努力が必ず報われる」のはよい社会か？

ここで考えてもらいたいのは、そもそも努力が成果に直結するのはほんとうによいことなのか、ということである。

「努力が必ず報われる」という受験の常識は、一般社会の常識とかなりかけ離れている。あらかじめ正解が用意されていない一般の社会では、努力と成果の結びつきはそれほど強くない。いくら努力しても生まれつき能力がなければ成功しないことが多いし、必要とされる能力もきわめて多様かつ複雑である。また結果は運に左右されることも多い。その意味で社会は理不尽だ。私たちはそうした理不尽の中で生きているのである。世の中には、その理不尽さを嘆く人も少なくない。

けれども冷静に考えてみれば、その理不尽な部分が残っているからこそ人々が幸せに暮らせるし、社会も正常に保たれているのではなかろうか。

人は、生まれつきの才能だけでは成功しないとわかっているので努力する。けれどもがむしゃらに努力するだけでは非効率なので、楽をして成果があがるようにいろいろと知恵を絞る。

それでも報われるとはかぎらないので、ある程度努力したらあとは運を天に任せ、残った時間とエネルギーを別のところで発揮しようとする。だからこそ人々はいたずらにがんばりすぎて疲弊することなく、一人ひとりの個性を生かせるし、多様な能力が発揮される。また他人を思いやり、人々のために役立とうという動機も生まれる。それが健全な社会をもたらしているのではないか。

つまり努力だけでは必ずしも成功しない「理不尽さ」こそ多元的な社会の大前提であり、戦後教育の目標とされた個性の尊重につながるわけである。安倍内閣が掲げる「一億総活躍社会」にしても、それなしには実現できないはずである。

逆に、努力がすべてを左右する社会は、よく考えてみると暗いし危険だ。かぎりないがんばりが求められ、無間地獄のような世界になりかねない。一見無関係に思われるかもしれないが、価格だけで競争する外食チェーンの安売り競争がブラック企業、ブラックバイトの問題を引き起こしたのも、格安ツアーの競争激化で運転手がギリギリまで働かされ重大事故を招いたのも一元的な努力競争の行く末である。

ライバルの牛丼屋が三〇〇円に値下げしたら、どんなに無理をしても二九〇円に下げなければ客を奪えない。ネットで表示されるツアーの「最低価格」に選ばれるには、運転手に無理をさせるしかない。科学技術の競争や新商品の開発競争で独自性を追求し、知恵を絞るのとは同じ競争でも決定的に違うのである。

つまり、受験にしても経済にしても適度な競争や多元的な競争にはさまざまなメリットがあるが、一元的なゼロサム型の競争が度を越すと、デメリットのほうが大きくなるわけである。

このようにいうと、だからこそ中教審の答申では、これまでの選抜方法にかえて小論文、面接、集団討論、プレゼンテーション、調査書、活動報告書、大学入学希望理由書などを活用するよう求めているのだ、と弁明されるかもしれない。

しかし、それらの選抜方法を用いるにしても、競争試験であることに違いはない。競争試験で、入学定員がかぎられている以上、ゼロサム型の競争が続く。そこが問題なのである。

ゼロサム型の競争が続く以上、競争に勝ち残るためにはどこまでも対策に励まなければならない。高等学校は小論文やプレゼンテーションの教育に力を入れなければならないし、進学塾や予備校はこれまでの授業を面接・小論文対策や集団討論対策に切り替えるだろう。また調査書や活動報告書対策のために、偽善的なボランティアやクラブのキャプテンをやろうとする者が増えてくるだろう。実績を捏造する不心得者がでてくるかもしれない。

いずれにしてもゼロサム型の競争なので、他人ががんばったら自分はそれ以上にがんばらなければばならない。

要するに、食うか食われるかの競争が存在し、大学によって合否判定される以上、たとえ選抜方法は変わっても、大学に入るための対策に専念しなければならない点は同じである。そして「野心の微分化」（竹内）に象徴されるような、受験競争が個人に及ぼす副作用も解消されない。

なお、誤解がないようにつけ加えておくと、私は無意味な競争がエスカレートすることを批判しているのであって、競争そのものを否定しているのではけっしてない。一人ひとりの能力や実績は、社会に出てから開かれたフィールドで堂々と競えばよい。

したがって、個人的にも社会的にもあまり意味のない受動的な受験勉強や受験対策の活動を過剰にヒートアップさせ、副作用を引き起こさないためには、度を越した競争を制限することが必要不可欠である。それには公平性を確保しながら、努力だけではどうすることもできない理不尽な部分をビルトインした仕組みをつくるべきなのである。

二　入学者選抜に抽選を取り入れる

ボーダーラインは抽選で

そこで私は、入学者選抜の一部に抽選を取り入れることを提案したい。

一般に入学試験では合否のボーダーライン付近に多数の者がいて、一〇〇〇点満点の試験でも一点や二点の差で合否が左右される。つまり、わずか一点か二点の差で大げさにいうと天国と地獄に分かれるのである。

だからこそ有名大学に入ろうとすれば、一点、二点でも上積みするため極限までがんばり続けなければならないのである。

この弊害の大きい努力競争に歯止めをかけるためには、「運」の要素を取り入れるのがいちばん有効だ。

大学教育を受けるに値するだけの点数（基準点）をとった者は、抽選で合格者を決めるようにしたらどうだろうか。ただし、確実に入学する権利を奪わないため、一定以上の高得点をとった者は無条件で合格とする。

かりに一〇〇〇点満点で基準点を六〇〇点とするなら、七〇〇点以上は無条件で合格、六〇〇点未満は不合格とする。そして六〇〇点以上、七〇〇点未満は抽選で合否をきめる。もちろん実際に何点を基準にするかはさまざまな角度から検討すべきだし、抽選を行うにしても上位者と下位者で倍率に差をつけるという方法もある。

いずれにしても、「人の手」ではなく「神の手」に委ねる部分を残しておくというところがミソである。

競争による得点で選別することが正義だと信じこんでいる人からすると、抽選で合否を決めるのは安易すぎるとか、責任放棄だとか批判されるかもしれない。

しかし、最初に述べたように入学者選抜の目的は大学教育を受けるに値するだけの能力や資質を備えていることを確認すると同時に、志願者を定員内に絞るのが目的であり、「機会を与える者を選ぶ」ための選抜だということを忘れないでほしい。したがって資格を備えた者の中から抽選で合格者を選ぶというのはけっして不合理でも、無責任でもないはずだ。

そして抽選という「運」の要素を加えることで、受験競争を過剰にヒートアップさせない効果が期待できる。前記のように高得点者を無条件で合格できるようにしておけば、何が何でもその大学に入りたい者や、不合格にするのが不条理なほどずば抜けた学力がある者は確実に合格できるわけだし、それ以外の者は「教育を受けるに値する」だけの学力を身につけるように勉強して合否は天に任せればよい。たとえ不合格になっても大学はたくさんあるわけだから。

このようにすると大多数の子どもたちは、ほかのことを犠牲にしてまで受験勉強に専念することが割に合わなくなる。すなわち受験勉強に専念することによって得られる期待利益が他の活動のそれと比べ差がなくなるか、むしろ低くなるわけである。

そうなれば早い段階から自分の長所を伸ばそうとする子や、好きな分野で活躍できるよう努力する子が増えてくるだろう。そして欧米の中学生、高校生のようにスポーツや芸術を楽しんだり、海外留学して語学を身につけたりする余裕が生まれるはずだ。仲間同士の友情や、困っている人がいたら助けようという気持ちにもなるに違いない。

注意しなければならないのは、このような自主的、主体的な活動が大事だからといって、それを入学者選抜の手段に使おうとしないことである。中教審答申のようにそれらの実績を選抜に使おうとすると本末転倒して受験勉強の一環になってしまい、肝心の自主性や主体性が奪われる。選別と無関係だからこそノビノビと自発的に活動できるのであり、それが子どもの成長にとって大切なのだということを忘れないでほしい。

人は三段階にしか判別できない

ところで、ここに提案した「根拠の薄い評価にかえて抽選を取り入れる」という考え方は、会社における社員の採用や評価にも応用できる。

アリの世界の逸話として、「二・六・二の法則」というものがある。アリの集団はよく働く二割、普通に働く六割、働かない二割のアリから構成されているそうだ。その中からよく働く二割や働かない二割を取り除いても、新たな集団はまた「二・六・二」の比率になるのだという。そして、人間の組織や集団でもアリと同じように「二・六・二の法則」が成り立つといわれる。実際には組織や集団によって「一・八・一」になったり、「三・四・三」になったりはするようだが。

ここで強調したいのは、真ん中の「普通に働く」の人たちを評価してランクづけるのはきわめて難しいということである（もしかすると真ん中の六割のアリも人間が判別できないだけかもしれない）。

人事部で採用にかかわっている人たちの話によれば、社員の採用選考の際、明らかに合格・不合格とする応募者については面接官の意見がほぼ一致するが、それ以外の中間層については面接官の意見が大きく分散するそうだ。そのためボーダーラインは、なんとなく空気にしたがうなどして適当に合否をきめているのが実態のようである。

だとしたら、意見がまとまらないなかでどうしても合否を決める必要がある場合には、抽選にしたほうがよい。抽選にすれば個人的な好き嫌いや情実などが介入することが防げるし、不合格になった応募者からも恨まれなくてすむはずだ。

人事評価（人事考課）については、いっそう強く抽選の導入を勧めたい。

大半の会社がいままでは社員の人事考課を行っており、ＳＡＢＣＤという五段階で評価している。その評価結果を昇進・昇格や昇給、賞与など処遇に反映させているところも多い。しかし、現場の管理職に話を聞くと、明らかによくできる部下と明らかに問題がある部下を判別することは比較的容易だが、それ以外の人たちを評価し、差をつけるのは至難の業だという。そのため、はっきりした根拠なく評価に差をつけているのが現実なのである。

細かく評価できないのは人間の認知能力の限界からくるものであり、やむをえないことである。営業のように数値で成果をあらわせる仕事ならともかく、複雑で定量化できない普通の仕事では一人ひとりの能力や成果を正確に評価し、ランクづけできるものではない。とりわけ個人の仕事の分担があいまいな日本の職場では、いっそう評価が難しい。

あいまいな評価が部下を萎縮させる

にもかかわらず、あえて細かくランクづけすることの弊害は大きい。

最大の弊害は、社員に不安をもたらし、萎縮させることである。

職場に上司が残っていると部下が先に帰りにくいのも、有給休暇をたくさん取りにくいのも、もしかすると評価に響くのではないかという疑心暗鬼が生まれるからである。

実際、遅くまで残業する部下には評価が甘くなると証言する上司もたくさんいる。当然ながら、部下は上司の意見に反対したり、大胆な発言をしたりすることも控えるようになる。場合によっては上司の不正に見て見ぬふりをすることもある。

根拠のない選別は、それほど有害なのである。

部下をもつ人の多くは、その非合理性や有害さに何となく気づいている。それどころか、現場では半ば常識となっている。そのため現場では、運用によって評価制度を骨抜きにしているケースが少なくない。たとえば、部下が特別に昇給できるよう順番に高評価をつけてやるとか、低評価が続くと会社から不利益を受けるので低評価をつけるのは毎年順番にしたり、成果のあがりやすい担当に交代させたりしているそうである。それなら抽選で順番をきめるようにしてもよいだろう。

前章で述べたように、あらかじめ評価して選別することが難しくなっているいまの時代には、主観的な評価ができるだけ入らないシステムに変えていくべきである。それでもあえて選別しなければならない場合には「人の手」を汚すより、むしろ「神の手」を借りるほうが賢明なのだ。

三　大学は組織でなく、インフラに

変わる大学の役割

この章では主に大学入試について述べてきたので、そもそもこれからの大学はどうあるべきかを考えてみよう。

日本の大学生は勉強しない。それは大学に入ることだけが目的になっているからだ。つまり入学するのは難しいが、いったん入ったら遊んでいても卒業できる現状に問題がある。したがって日本の大学も欧米の大学のように「入りやすいが、出にくい」大学に変えていかなければならない。教育関係者をはじめ世間では、このような考え方が主流になっている。実際、多くの大学では単位の取得を厳格化し、卒業要件も厳しくする傾向にある。

たしかに欧米など海外の大学は日本に比べると「入りやすく、出にくい」。しかし、そこだけを見て「わが国も……」というのは短絡的すぎるのではないか。

それは、そもそも欧米などと日本とは社会の構造が違うからだ。欧米などは日本に比べてはるかに多元的な社会である。大学以外にもさまざまな能力を身につける場所がある。したがって個々の大学の教育に価値を見出した者だけが入学し、厳しく鍛えられたらよい。

それに対して日本の学生は、大半が大学で何を学ぶかより偏差値やブランドだけで入ってきているのが現状である。そこには、ある意味で多様なキャリアビジョンをもつ者が混在しているわけである。逆に何のビジョンももたないまま、とりあえず大学に入り、将来の進路は入学してから考えようと思っている者も多い。

そして、いま大学を含めた教育そのものの役割が大きく変わってきていることに注目しなければならない。これまで、とくに工業社会では大学で学んだ知識そのものや正解のある問題を迅速かつ正確に解く能力がそのまま通用した。ところが、すでに述べたようにポスト工業社会に入ってそれらの知識や能力はＩＴに取って代わられるようになり、重要性が著しく低下してきた。逆に独創性や創造性など教育で直接身につけさせることが難しい能力がいっそう重要になっている。

そこからいえるのは、「教える」「教えられる」という一方的な教育の限界が見えてきたということ、そして学ぶ側の積極的な姿勢がいっそう必要になってきたということである。昨今はやりの自己分析や「アクティブ・ラーニング」などは、その動向に沿ったものである。

つまり、いまや大学の重要な役割は「教育」というよりむしろ「支援」であり、「場の提供」である。このように大学の役割が大きく変化していること、そして日本の大学の現状を考えれば、上からの「教育」の延長線上にある単位認定の厳格化や、卒業の困難化という方向にはならないはずだ。

これでもし卒業のハードルを上げたら、単位の取得や卒業だけを目標にした受け身の勉強に学生を駆り立てるだけである。それは大学入試の受験勉強とほとんど変わらない。つまり、受験勉強を四年間延長させるのと同じことなのである。目的意識をもたず受け身の学生が多いからこそそれが必要だという意見もあるが、それではいつになっても彼らの姿勢は変わらないし、目的意識をもつ学生が迷惑する。

大学関係者がしばしば口にする、「学生を品質保証して世の中に送り出すのが大学の責任だ」という言葉は工業社会型の発想そのものであり、明らかに時代錯誤だといわなければならない。

「入りやすく、出やすく」すればどうなるか?

大学の中心的な役割が学習の支援や場の提供だということを考えれば、これからはむしろ「入りやすく、出やすい」大学を目ざすべきではないか。

つまり、入り口のほうは大学教育を受けるに値する能力を有しているかどうかだけで判定すればよいわけであり、定員やキャパシティの制約さえなければ基準をクリアした者は全員受け入れてもよいのである。そして、卒業のハードルもいっそう低くすればよい。それどころか、卒業という制度そのものをなくしてもよい。

そんなことをしたら、学生はますます勉強しなくなるし、大学の存在価値はなくなるといわれるかもしれない。

はたして、そうだろうか？

たしかに、卒業しやすく、あるいは卒業という制度をなくしたら、当初は学生が勉強しなくなるかもしれない。これ幸いとバイトや恋愛に突っ走り、遊びほうける学生も出てくるだろう。しかし、やがて彼らは気づくはずだ。卒業証書がないのだから、勉強しなければ高い授業料を払って大学にきている意味がないと。そして、ほんとうに必要な知識や能力を身につけるため、自発的に勉強しはじめる。

そうなると学生は、看板だけで中身の空疎な授業から解放される。社会に出てから、あるいは生きていくうえで価値のない授業は自然と淘汰されていく。学生にとっても、教員にとっても、大学にとっても厳しい世界が待っているわけである。

それはあくまでも理想像であって、現実性を欠いた絵空事のように思われるかもしれない。

しかし、実際に進学予備校や学習塾、カルチャーセンターなどはこのようなイメージに近い。有名予備校を出たからといって経歴になるわけではない。それでも人気講師の人気授業には受験生が殺到する。授業の中身だけに引かれて生徒が集まるわけである。生徒と教師が向かい合った真剣勝負がそこにある。

また近年は社会人が再び大学に入学してくるケースが増えているが、彼らの中には純粋に学ぶことや能力をリカレントすることを目的にしている者が少なくない。卒業証書に関心が薄いどころか、なかには「最終学歴が変わるといやなので卒業したくない」という者さえいるくらいである。生涯学習の時代を迎えて、大学に入り直す人はこれからいっそう増えてくるだろう。卒業の意味もだんだんと薄れていくに違いない。

そうなると、採用する企業の側も学生を見る目を変えなければならない。

これまで大企業の多くは事実上、一部の大学に限定して採用したり、卒業大学による

「足切り」を設けたりしていた。卒業大学が学生の質をあらわす、「シグナル」としての役割を果たしていたわけである。ところが卒業証書がなくなれば、そうしたシグナルを利用できなくなる。

そもそもポスト工業社会では学歴、より具体的にいえば入試に合格した大学のランクと、仕事で求められる能力との相関がいっそう低くなる。その意味からも、学歴・学校歴というシグナルにたよらず、前章で述べたようにインターンシップその他で一人ひとりの実力と適性を見きわめたうえで採用するのが王道になると考えられる。

「インフラとしての大学」像

ここで述べたような改革案の根底にあるのは、大学を組織というよりもむしろインフラストラクチャー（社会基盤）として位置づける考え方だ。

大学の主な目的は、研究と教育である。教員は大学という場、すなわちインフラを利用して研究や教育を行う。具体的なインフラの中身としては、資金、設備、機械、情報、人的支援などがあげられる。一方、学生は講義を受けたり学習支援システムを利用したりしながら、学んでいく。また学び合う友人のネットワークそのものも重要なインフラの一部である。

「近代組織論の祖」と呼ばれるC・I・バーナードは、コミュニケーション、貢献意欲、共通目的を組織の三要素として掲げているが（バーナード、一九六八）、大学においてそれらは必ずしも不可欠な要素とはいえない。そこが企業や役所のような典型的組織と大きく異なるところである。

もちろん大学経営や他大学との連携・協力などでは組織的活動をしなければならないが、それらはあくまでも副次的なものである。逆に組織としての側面が強くなると、肝心の研究活動が妨げられたり（教員が大学改革の事務作業や会議に忙殺されている国立大学はそのよい例である）、学生が自律的・自発的に学べなくなったりする。さらに組織の内と外とを隔てる壁ができ、オープンなネットワークや人の交流を妨げるおそれもある。

したがって、これからの大学は組織というより研究と教育の場、すなわちインフラと位置づけたほうがよいと考えられる。

ちなみに今日の大学の起源とされる中世のフランスやイタリアの大学は、教員が学生を集めて講義したり、逆に学生が教員を招いて講義を受けたりしていたといわれている。

つまり大学は教える場、学ぶ場だったわけである。その意味でも「インフラとしての大学」こそ、余分なものを削ぎ落とした大学の原点であり、ポスト工業社会にめざすべき姿だといえよう。

日本の大学の国際的評価は低下する一方であり、文系学部については不要論も飛び出すありさまだ。そのようななかでは、これまでの延長線上でいくら改革を唱えても展望は開けない。研究も教育も、組織主導から個人主導へと発想を一八〇度切り替えてこそ、やがて明るい未来が見えてくるはずだ。

第六章　地方分権でトクをするのはだれか？

一　地方創生の死角

なぜ、地方分権を論じるのか？

この章では、地方分権の問題を取りあげる。なぜ、組織論の本で地方分権を取りあげるのかという疑問をもたれるかもしれない。そこでまず、取りあげる理由を簡単に説明しておこう。

組織と個人の関係は、会社対社員、学校対生徒、チーム対選手、あるいは国家対市民というような全体と個の二極構造だとわかりやすい。独裁的か民主的か、全体主義か個人主義かがはっきりわかり、闘う相手もはっきり見える。ところが、両者の間に中間組織（中間集団）が入ってきて三極構造になると急に複雑になり、個人の権利や自由が脅かされてもだれが味方でだれが敵かがわかりにくくなる。

会社や役所の場合には事業部、部、課などが中間組織であり、国の場合には都道府県や市町村などの地方自治体がそれに当たる。中間組織は会社や役所、国のような全体組織より身近なところにある。そのため個人の立場からすると、自分たちの味方であり自分たちの利益を守ってくれる者と直感的に理解する。

たしかに中間組織は、全体組織の専制や圧力から個人を守ってくれる防波堤になる。

フランスの政治思想家、トクヴィルは一九世紀のアメリカを観察しながら、地方や都市、諸団体といった中間組織が、中央からの権力を緩和する役割を果たしていると評価した（トクヴィル、一九八〇）。またアメリカの政治社会学者、コーンハウザーもファシズムや共産主義が中間組織の弱体化した社会で広がったことを指摘し、中間組織の大切さを説いている（コーンハウザー、一九六一）。

中間組織の存在意義はそれだけでない。集団や組織が特殊な条件にある場合、たとえば被災地だとか原発の立地地域だとかいうような場合には、地域の要望を国に訴えたり、地域に特化した政策を実施したりできる。さらに、個人からすると中間組織は身近なところにあるので、その意思決定や運営に参加しやすく、いわば「民主主義の学校」になる。

民主主義を唱える人たちの多くは、中間組織のこれら「光」の面を強調する。ところがもう一方には「影」の面があることを見逃してはならない。実際、中間組織こそ「組織の論理」を体現しているといってよい。会社や役所ではミドル層がそうだったように、市民社会では地域、あるいは地方自治体の存在によって組織の論理が展開される。そして地方自治体が存在感を増すほど、人々の生活も変わってくる。

そこで、中間組織の肥大化ともいうべき地方分権がいったいどんな問題を私たち個人にもたらしているかを考えてみよう。

「地方」はそれほどすばらしいのか

人口の大都市集中と地方の過疎化に歯止めがかからない。このままいくと大都市は災害のリスクや交通、環境問題がますます深刻になるし、地方では人口減から限界集落どころか消滅する自治体もでてくると警鐘が鳴らされている（増田、二〇一四）。福島県を除く東北五県にある一七二自治体の八割以上に当たる一四〇の自治体が二〇四〇年までに消滅するという試算さえある（『ひと目でわかる地方消滅』別冊宝島、二〇一五）。

ところが一方では、そうした地方の厳しい現実と裏腹に、「地方はすばらしい」という空気が醸しだされ、震災を機に地域社会を見直そうという気運も盛り上がっている。

現状に危機感を抱いた政府も、二〇一四年に発足した第二次安倍改造内閣がいわゆる「地方創生本部」を立ち上げるなど、地方の活性化に向けた政策づくりに着手し、さまざまな方向から地域づくりに取り組んでいる。

いうまでもなく地方自治は憲法で定められており、二〇〇〇年に施行された「地方分権一括法」で国の事務を地方に委任していた機関委任事務が廃止されるなど、地方分権はいちだんと進んだ。そしてマスコミや政治家をはじめ世間の声は、分権一色といってもよいほどの勢いである。

しかし、とにかく分権を進めればよいというのはあまりにも乱暴である。とくに個人の視点から見ると、分権によって自由や平等、公平が脅かされる危険性はむしろ強まっている。そもそも、なぜ分権は国民にとって意味があるかを深く追究せず、はじめに分権ありきで分権化の議論がなされるケースがあまりにも多い。

たしかに地方分権が進めば地域の特性に合った政治が行いやすくなり、まちは個性化される。住民の多数意見も反映されやすくなる。しかし、その一方で分権のひずみがいたるところにあらわれていることも事実である。

サービスの格差は、命の格差

私の知人が住むある自治体は典型的な過疎のまちで、山間に点在する民家には七〇代、八〇代、九〇代の高齢者ばかりが生活している。しかも大半が一人暮らしで、月額三、四万円の国民年金だけを頼りに生きている。過疎地の高齢者にとっては病院に通うのも一苦労だ。唯一の交通手段であるバスは一日に往復二本しか運行していないので、通院は一日仕事である。しかも運賃は往復で四〇〇〇円もかかる。けれども通える病院は一つしかなく、病院を選ぶことなどできない。同じような地域は日本のいたるところに存在する。

一方、都会では近くに病院がいくらでもあるうえに、市バスには無料パスが使える。社交場に通う感覚で通院する高齢者も珍しくない。

このように病院通い一つ取りあげても、住んでいる地域によって大きな格差がある。通院の費用や利便性の格差は、命の格差にもつながる。実際に過疎地では病院に行くと出費がかさむため、病状が相当ひどくなるまで医者にかからない高齢者も少なくない。そのため助かったはずの命さえ助からないことがある。

問題はこうした都市と過疎地の格差が、地方分権の必然的な帰結だということである。なぜなら、かりに国が集権的な体制をとるなら、かつての国鉄バスのように全国津々浦々まで国がバスを運行して均一料金にすればよいし、それが不可能でも高齢者には国が無料パスを支給して負担の平等を図ることができるはずだからである。

もっと不公平なのは、命や健康に直接かかわる費用に地域間で大きな格差があることだ。

その一つが子どもの医療費負担である。法的には就学前の子どもは二割、小学生以上は三割を自己負担することになっているが、その自己負担分を助成している自治体があり、助成の程度も自治体によってまちまちである。

厚生労働省が二〇一四年に一七四二市区町村を対象に行った調査では、通院の場合に中学卒業までもしくはそれ以上の年齢まで助成している自治体は六五%にあたる一一三四市区町村であり、なかには北海道南富良野町のように二二歳の学生にまで助成している自治体もある（二〇一五年四月一七日付「朝日新聞」）。逆に滋賀、山口、愛媛、福岡、長崎などの県を中心に小学校就学前（四歳未満や五歳未満を含む）までしか助成していない自治体もある。

子どもが病気にかかったとき、どの程度の症状で受診するかは助成があるかないかで違ってくる。自己負担がゼロの自治体ではちょっと足をすりむいたり、蚊に刺されたりした程度でも病院に連れてくる親が少なくないという。

六五歳以上が支払う介護保険料も地域によってかなりの格差がある。介護保険料は三年ごとに見直されるが、日本経済新聞の調べでは二〇一五〜一七年に支払う保険料の月額平均は沖縄県、青森県、大阪府のように六〇〇〇円を超えるところもあれば、埼玉県や千葉県のように四〇〇〇円台のところもある（二〇一五年四月一七日付「日本経済新聞」夕刊）。

これらの地域格差はいずれも各自治体の意思決定によるものなので、地方分権が直接もたらした格差だといえる。

拡大する格差

このほかにも、自治体の財政状態や政策が深くかかわっている格差はたくさんある。そして、都市と地方の経済的格差が拡大する傾向にあることは、橘木・浦川（二〇一二）の分析や、日本世論調査会が二〇一五年六月に行った全国面接世論調査で地域の経済格差が「拡大」していると答えた人が七七％にのぼることからもうかがえる。

なお、少し話がややこしくなるが、この章の冒頭で述べた「中間組織の弊害」という点で指摘しておきたいのは、見過ごされがちな都道府県内の格差である。国と市町村との間にあるという点で都道府県は中間組織であり、そこにも組織の論理が生まれる。組織が存在感を示そうとするからだ。

たとえば私の住む京都府や隣の兵庫県には京都市・神戸市のような大都市部と、日本海側の豪雪・過疎地域が同居する。人口や経済的な格差のみならず、府県立大学や図書館、美術館など府県に一つしかないような施設は人口の多い都市部に置かれるので教育や文化の格差はますます広がる。しかし、それも府県自治の陰に隠れてしまう。かりに府や県という中間組織がなかったら施設の極端な偏在が目につくので、国も何らかの手を打たざるをえないだろう。そうすればインフラの地域格差はここまで大きくならなかったに違いない。

同性カップル尊重はなぜ渋谷だけ？

ところで、個人の権利の平等という点で、もう一つ注目すべき出来事があった。

東京都渋谷区では二〇一五年三月、同性のカップルを夫婦と同等のものと認める「同性パートナー条例」が制定された。これによって男女の平等と性的多様性が認められ、病院での付き添いや家族向け賃貸住宅への入居もしやすくなるといわれる。条例の内容についてはさまざまな批判もあるが、いわゆる性的マイノリティの人たちにとってありがたい条例であることは間違いない。

しかし、同性カップルが夫婦と同等に扱ってもらいたいと思うのは、どこに住んでいようと同じだ。渋谷区以外に住む同性のカップルは、なぜ自分たちは夫婦と同等に扱ってもらえないのかと不満に思うだろう。

一方には、特定の地域の住民だけが人権上不利に扱われるケースもある。数年前に兵庫県の小野市で制定された、いわゆる「パチンコ通報条例」などはその典型だ。生活保護を受けている人がパチンコなどをしているところを発見したら市民は通報する義務を負う。生活保護受給者にとっても、一般市民にとっても特別な制約や義務を負うわけであり、他の自治体と比べて不公平感を抱く人もいるはずだ。

これらは所得が多いか少ないか、生活が便利かどうかといった話ではなく、人権に大きくかかわる「特別扱い」である。たまたま住んでいる行政区域によって違いがでる不公平さは、もっと問題になってもよいのではなかろうか。

「夕張」はだれの責任か

地方自治の失敗例として象徴的なのが北海道の夕張市である。かつては炭鉱の町として栄え、夕張メロンでも知られる市だが、深刻な財政難から二〇〇七年に全国で唯一の財政再建団体に指定された。民間企業でいうなら倒産である。

炭鉱全盛期だった昭和三〇年代には一〇万人を超えていた市の人口は四〇年代から減少の一途をたどり、現在は一万人を切り、最盛期の一割以下になっている。また図書館などの公共施設は閉鎖され、ゴミ処理や水道などの公共料金も軒並み有料化、もしくは値上げされた。

当然ながら行政サービスのさまざまな面において、恵まれた自治体との間には大きな格差が生じている。最新のデータではないが、夕張市における認可保育所の月額保育料は東京都渋谷区より四万二〇〇〇円以上、水道料金は赤穂市より六〇〇〇円以上高い。また人口一〇〇〇人当たり病院・診療所の病床数などにも極端な差があらわれている（図表5）。

いうまでもなく、夕張市を財政破綻させ極端なサービス低下を招いた最大の責任は当時の自治体トップにある。しかし、そのようなトップを選んだのは住民であり、住民自治の建前からすれば、自分たちがその責任を受け止め主体的に困難を乗り越えていかなければならない。

しかし、このような建前論はあまりにも全体主義的である。実際、いくら住民が自治の主体だといっても人口一万人の市なら自分の影響力は一万分の一に過ぎない。それが住民自治なら、自治などないほうがよいといわれるだろう。

ここで押さえておかなければならない大事なポイントは、これらの格差がいずれも個人の責任によらない格差だということである。その点では大企業と中小企業、正社員と非正社員の格差などよりいっそう理不尽な格差だといえよう。したがって、自由競争と自己責任を是とする自由主義や個人主義の立場からも是認できないはずである。

「地方は魅力を競い、人々は魅力的なところへ移り住めばよい」という暴論

ところが近年の地方分権にしても、「地方創生」にしても、背後には一種の新自由主義的な考え方がある。それぞれの地方が知恵を絞って魅力を競い合い、人々は気に入っ

図表５　市区の行政サービス水準（夕張市との比較）

[認可保育所の月額保育料]

〈上位〉			〈下位〉		
１位	渋谷区（東京都）	11,300円	１位	夕張市	53,500円
２位	豊田市（愛知県）	12,000円			
３位	本巣市（岐阜県）	16,800円			

[病院・診療所の病床数（人口1000人当たり）]

〈上位〉			〈下位〉		
１位	千代田区（東京都）	54.7	13位	夕張市	1.6
２位	嬉野市（佐賀県）	50.2			
３位	深川市（北海道）	49.0			

[水道料金（月額）]

〈上位〉			〈下位〉		
１位	赤穂市（兵庫県）	1,018円	１位	夕張市	7,392円
２位	飯能市（埼玉県）	1,081円			
３位	越前市（福井県）	1,165円			

[下水道料金（月額）]

〈上位〉			〈下位〉		
１位	戸田市（埼玉県）	987円	２位	夕張市	5,856円
２位	半田市（愛知県）	1,185円			
３位	府中市（東京都）	1,186円			

[市（区）立図書館の蔵書数（人口1000人当たり）]

〈上位〉			〈下位〉		
１位	加東市（兵庫県）	9,537冊	１位	夕張市	0冊
２位	袖ケ浦市（千葉県）	9,290冊			
３位	三笠市（北海道）	8,552冊			

資料：『日経グローカル』No.114、2008年をもとに作成。

たところを選んで移り住めばよい、という発想だ。いわゆる「足による投票」の考え方である。

たしかに企業ならその考え方は正しい。みんなが好きな会社を選んで働き、魅力的な会社、労働条件のよい会社だけが生き残ればよい。

しかし、同じ考え方を地域に持ち込むのには無理がある。いや、持ち込むと暴論になる。社会学的に分類すれば企業は特定の目的を達成するための「目的集団」であるのに対し、地域は自然発生的で文字どおり生活の基礎となる「基礎集団」である。したがって、そもそも「選択して住む」ことには限界があるのだ。

たとえば過疎地域に住む人の多くは先祖から受け継いだ田畑や、何代にもわたって付き合いのある近隣の人たちと一緒に生活している。いわば地域に根を下ろして生活しているわけであり、そこから切り離されたら生きていけない人たちなのである。また、どこに住んでいようと家族は一人ひとりが学校や職場など別の集団に属しており、それぞれの人間関係もある。したがって、たとえ居住条件が悪く気に入らなくても、そう簡単に条件のよいところへ転居することはできない。

「地域はそれぞれが魅力を競い合い、人々は好きなところへ移り住めばよい」というのは、このような基礎集団の性格を無視した観念論にすぎない。

たしかに産業政策やまちづくり、観光などは地域が知恵を絞って魅力を競い合ったらよいだろう。しかし、個人の基本的な権利や競争条件にかかわる部分で個人の責任によらない格差が広がるような政策は望ましくない。そもそも市場原理、競争原理になじまないところをカバーするのが政治や行政の役割である。

二　トクをするのはだれか？

東京一極集中こそ分権のひずみ

中央集権の弊害を語るとき、いつも真っ先にやり玉にあがるのが東京一極集中である。東京圏の人口は約三五〇〇万人で、国民のほぼ三割が東京圏に住んでいる計算になる。人口だけでなく、政治、経済、情報、文化などの拠点が東京圏に集中しており、住民の所得水準の高さはもちろん、行政によるさまざまな助成など住民サービスにも恵まれている。しかも東京への一極集中は弱まるどころか逆に勢いを増している。これこそ中央集権が招いたいびつな社会現象だというわけである。

しかし、そのような見方は正しくない。政治・行政機能の東京一極集中は中央集権がもたらしたものだが、経済や文化の集中、それに所得や生活水準などの面における東京と他地域との格差は、中央集権によるものというより、むしろ地方分権によってもたらされたものである。なぜか?

本来、中央集権では国家に強大な権限が与えられるが、その国家の重要な役割は国民に均霑《きんてん》すること、すなわち国民の機会均等を図り、あまねく利益を行き渡らせることである。したがって中央集権のもとでは特定地域に富が偏在したり、国民の生活環境に大きな格差が生じたりすることはないはずなのである。良いか悪いかは別にして、かつての社会主義国家がめざした理想はそうだったはずである。

逆に地方分権を進めれば、力のあるところはますます富むし、力のないところはますます貧しくなる。

分権は強者の論理

つまり、分権は強者にとって都合のよい論理なのであり、弱者にとっては集権のほうがよいというのが普通である。それがいかに普遍的な命題であるかを説明するため、つぎのような例を取りあげてみよう。

小学校のころを思い出してほしい。先生が休んで自習になったとき、喜ぶのは腕白少年やいじめっ子たちであり、傍若無人な彼らと対照的におとなしい子やいじめられっ子はつらい思いをしたはずである。家庭でも親が留守の時にわがもの顔でふるまうのは兄や姉のほうで、弟や妹は助けてくれる親がいないので不安だったに違いない。

国同士の関係でも、たとえば尖閣諸島や南沙諸島の領有権問題で軍事力に勝る中国は「当事者間の問題なので無関係なアメリカは口を出すな」とたびたび牽制する。なんとしてでもローカルな問題にしておきたいわけである。

そして国と地方の関係では、地方分権のさらなる推進を強く主張するのは東京や大阪のように大企業の本社がたくさんあって財政力に自信のある自治体である。豊かな自治体にとっては、地方で課税して収入をその地方で使えるようになればそのほうがよいにきまっている。

逆に東北や北陸、山陰、四国などのように地元に有力な企業が少なく税収も期待できない自治体にとって、分権の恩恵は小さい。むしろ中央集権のもとで均衡ある国土の発展と、富の再分配を進めてもらったほうがありがたいわけである。

そして、先ほども述べたように地域格差はたまたま住んでいたという理由だけで有利・不利が生じるものであり、個人の責任によらない格差だということを忘れてはいけない。東京の強さ、豊かさは東京に住んでいる個人が勝ち取ったものではないし、夕張の窮状は個人が怠けていたから生じたものではない。

だからこそ、個人の権利や機会に関する格差はもちろん、所得や生活条件の格差についても国は地方に任せるのではなく、自ら格差を是正し、格差拡大を抑制する責任があるのである。

ところで、地方分権の話からはそれるが、分権によって生じる個人の責任によらない不公平な格差という点では企業の事業部間、部署間の格差も同じである。

近年は企業組織でも分権化、権限委譲が進められ、トップマネジメントから事業部長へ権限が委ねられるようになった。そして各事業部の業績に応じて社員のボーナスに差をつける会社が増えている。事業部長は、自分に権限が与えられたのだから業績に責任をとるのは当然である。しかし一般社員の場合、たまたまその事業部に配属されただけであって経営上の権限もない。それにもかかわらず事業部の業績が良いか悪いかで報酬に差がつくのは、やはり不公平である。

このように分権は強者の論理であり、弱者にとって分権のありがたみは少なく、むしろ集権のほうがよい場合が多いのである。

首長のお為ごかし

しかし、実際には分権の恩恵が乏しいはずの過疎地を抱える自治体、財政力の弱い自治体でも、首長が分権化の推進に積極的なのをしばしば目にする。少なくとも首長自身が地方分権に反対している姿はほとんど見かけない。それには理由がある。

ひと言でいうなら、首長にとってトクだからである。

単純に考えればわかるように、地方分権が進めば首長の権限が大きくなり、自らの権限で行える行政の規模も範囲も拡大する。同時に首長のプレゼンスも大きくなる。それが将来の国政進出につながる場合もあるし、少なくともつぎの選挙には有利になる。つまり自分の野心を満たせるわけである。

分権によって地域住民の生活が良くなるか悪くなるかとは関係なく、首長自身にとって分権は間違いなくトクなのである。

もちろん、だからといってそうした政治的野心や個人的欲望を露骨にあらわすことはできない。そこで、霞が関を悪者に仕立ててそれと闘う姿勢を示してみたり、郷土意識を煽ったり、分権が住民にとってプラスになる面ばかりを強調したりする。最近では保守系の知事や市長までがツイッターで政権批判するのも目につく。表向きは住民のため、地域のためをうたいながら自分の利益を追求しているとしたら、まさに「お為ごかし」だといわなければならない。

旧自治省出身の田村秀新潟大学教授は、「諸外国の地方自治体に比べても権限の大きい日本の首長は、地域の大統領とも言える存在」であり、「その意味では、地域の政治的リーダーとして絶大な権限を行使し、自らの名を知らしめたいと思い、タレントや国会議員の職を投げ打ってでもなりたいと思う者が続出するのは当然の流れなのかもしれない」と述べている（田村、二〇一二、一二頁）。

首長が自らの「部下」である自治体職員や職員組合との対決姿勢を示してみたり、事業の極端な民営化や民間委託を行ったりするなど、スタンドプレーともとれるようなケースがあちこちで目立つようになった。また全国各地の「ご当地キャラ」や「〇〇によるまちづくり」も郷土意識を煽る定番だろう。

しかし、たとえ市や町の知名度が多少上がったからといって、そのおかげで住民の生活が豊かになったとか、市民としてプライドがもてるようになったという話はほとんど聞かれない。

もっと問題なのは、自分たちのまちさえよければいいという一種の地域エゴに加担して支持率を高めようとする姿勢だ。福島原発事故で発生した放射性廃棄物の処分場建設をめぐる自治体間の押しつけ合いなどはその典型である。

また、「わがまちの学校から国立大に○○名送り出す」という目標を掲げ、公費でそれを支援している自治体もあるが、国立大の定員がかぎられている以上、そのしわ寄せが他の自治体に及んでいることを見逃してはならない。もっとも、互いに競争し合うことが日本の教育水準向上につながるという考え方もあるだろう。

しかし前章で述べたように、受験勉強そのものが単なる選抜を勝ち抜くための手段になっていることを考えれば、そこへ公金を投入することにどれだけの公益性があるか疑問だ。教育を支援するのと、受験を支援するのとは意味が違うのである。

首長の野心や個人的な利害構造が、地方分権の「影」の部分を覆い隠すおそれがあることを知っておかなければならない。

ところで、地方分権にはもう一つ、個人の立場から見た弊害というか、負の側面がある。

地方分権の流れは勢いを増し、最近は「地域主権」といった法的根拠を欠くいささか暴走気味の言葉さえ使われるようになった。金太郎飴のように全国どこへ行っても同じでは意味がないという認識から、地域にあるさまざまな資源を生かして個性（特色）あるまちづくりに取り組む自治体も増えてきた。

それによって地方から活力が生まれてきたこと自体は喜ばしい。わがまちの魅力をいかに高め、ＰＲするかについて若者からお年寄りまで侃々諤々の議論を続けたり、貴重な休日をまちおこしのボランティアに費やしたりしている姿はほんとうに頼もしく、頭が下がる。「個性あるまちづくり」はこのように地域の人たちや自治体職員たちの熱意によって推進される場合もあるが、前述したように首長の政治活動やパフォーマンスが中心になっている場合もある。

そして、「個性あるまちづくり」は観光や産業振興、文化行政の領域にとどまらず、だんだんと教育や子育て、生活の領域にまで及んでいく。

ところが、そうなると分権の負の側面が再び表面化する。「個性あるまちづくり」が、「個性ある人づくり」の妨げになりかねないことである。「個性化のパラドックス」とでもいうべきこの問題を説明しよう。

近年のサッカー人気とともに、「サッカーのまち」を地域おこし、まちづくりの看板に掲げる自治体が目につくようになった。将来のサッカー選手を育てようと少年向けのサッカー教室や指導者講習会を開いたり、少年を海外に派遣したりしている自治体も見られる。また「芸術のまち」を標榜する自治体では、立派な劇場を建設し、早くから芸術の素養を身につけさせるために芸術祭を開催しているところがある。

これらはあくまでも一例であり、多くの自治体が個性あるまちづくりの一環として青少年の教育に予算を投入している。

たしかにサッカーが得意で将来のサッカー選手を目ざす少年や芸術の分野に進みたいと思っている子にとっては、願ってもない環境だ。しかしスポーツや芸術より勉強に力を入れたい子や、同じスポーツでもサッカー以外のものが得意な子にとっては何のメリットもない。

しかも、多くの自治体ではかぎられた予算を看板事業へ集中的に投入しているので、看板事業以外にはおのずとしわ寄せがくる。なかなか表には出ないけれど、看板事業以外の分野では少年期の教育や支援が手薄になり、素質が埋もれてしまった子がたくさんいるはずだ。

いくつかの自治体で住民にこの話を向けると、予想どおり「〇〇以外にも力を入れてほしい」とか、「〇〇はもういいかげんにしてほしい」と不満を漏らす人が少なからずいた。

もちろん、この問題は子どもの教育にかぎられた話ではない。観光を目玉にすえる自治体では観光以外の産業にしわ寄せがくるし、自然環境を売り物にすると製造業や建設業があおりを受けるかもしれない。しかし、医療や教育の面における格差はやはり次元が違う。それは人間の生命や将来の人生を左右する。だからこそ、格差を見過ごすことはできないのである。

「個性あるまちづくり」が住民の個性を奪う

この問題の背景にある社会構造をつとに説明していたのが、社会学者のジンメルである。彼は一世紀以上前の一八九〇年に刊行された著書の中でこう述べている。

「われわれが身をゆだねる圏が狭ければ狭いほど、われわれはそれだけ個性のよりわずかな自由しかもたない。しかしそのかわりにこの圏そのものは個性的なものであり、まさにそれが小さいものであるから、鋭い限界によって他の圏から区別される」（ジンメル、一九九八、五四頁）。さらに、「より狭い圏への帰服は一般的には、できるだけ大きな公共のなかの生存よりは個性そのものの存続にとっては有利ではない」（同、五六頁）と言明している。

分権によって組織や集団の単位が小さくなるほど極端な運営ができるようになるので組織や集団は個性的になるが、その中にいる個人は組織や集団の個性を押しつけられるので自分の個性は発揮しにくくなる、ということである。

したがって住民の立場からすると、特色のないまちでもかまわないので一人ひとりの個性を伸ばせるよう、多様な受け皿があるほうがよいことを意味する。

たとえていうなら、多様な好みをもつ人が集団で食事に行く場合、フランス料理や中華料理のレストランより、さまざまな食文化に対応した多国籍料理店やメニューの豊富な大衆レストランのほうがよいようなものである。

ちなみにそれは、いわゆるダイバシティ・マネジメントの考え方にも通じる。いわゆる社会的マイノリティやユニークな人、個性的な人物は規模が大きい組織ほど選択の余地や自由度が大きく、働きやすいし居心地もよいのが普通だ。

要するに、分権を評価する際には単なる空気やイメージに踊らされることなく、分権が個人にどんな影響をもたらすかをしっかり見定めなければならない。分権の恩恵が個人に及んではじめてそれがよいものといえるのである。

新たな「ナショナル・ミニマム」を

では、そもそも地域格差が拡大し住民の多様性が奪われるにもかかわらず、なぜわが国は地方分権をどこまでも推進しようとするのか？

背後にあるのは、「ナショナル・ミニマム」すなわち国民の最低限の生活保障はすでに達成されたという認識である。それにともない、国の全国総合開発計画で掲げられてきた「国土の均衡ある発展」という目標も、「個性ある地域の発展」へと切り替えられた。もはや最低限の生活保障や平等化に力を入れる時代ではないというわけである。

たしかに経済発展にともなって道路や鉄道、上下水道、電力などのインフラが全国津々浦々まで整備され、社会保障などのセーフティネット（安全網）も一応整った。最低限の保障はすでに整ったのだから、つぎは地域の個性を生かし、活力を引き出すべきだという発想はわからないでもない。

しかし、そこには盲点がある。「ミニマム」は時代とともに変わるということだ。

ＩＴ化とグローバル化が進んだ社会には、「ウィナーズ・テイクス・オール」という言葉がある。勝者がすべてを取ってしまう、すなわち「全」か「無」かという世界を意味する。金融にしても特許にしても、一瞬でも先に手を打った者、開発した者だけが富を独占し、他の者は何も得られない世界であり、それ以外の分野でもこのような現象は間違いなく広がっていく。

したがって、このような世界では情報網や資金調達などの環境にわずかな差があっても決定的なハンディとなる。

教育の世界でも、大学入試などは全国一律に行われ一点の差で合否が決まる現状があるなかで、地域によって教育環境や学習への支援に差があれば、それが人生を左右しかねない（前章で私が提案した改革案が実現すれば多少は緩和されるだろうが）。かつては地方出身者が都会の帝国大学を卒業して官僚や大企業の社長になるという立志伝もよく聞かれたが、幼いころからの英才教育や受験対策が必要になったいまではそれもきわめて少なくなっている。

さらに都市部など医療の先進地域では高度な診察や治療が受けられるのに対し、農村や過疎地域ではそれが受けられず、助かるはずの命も落としてしまうことがある。

分権化の議論でしばしば引き合いにだされるのがアメリカである。たしかにアメリカは日本以上に地方分権が進んでいる。ただアメリカは多民族で人の流出入も激しい、開かれた国である。

それに対してわが国は島国で人の流出入が少なく、あらゆる面で多様性に乏しい。そのため大学入試にしても就職にしても、同じ目標に向かって全国一斉に争う構造になっている。企業もまた国内市場の比重が大きく、企業同士が同じ市場でしのぎを削る関係にある。人も企業も、いわゆる「ゼロサム」競争、すなわちかぎられたパイを奪い合う競争をしているわけである。

そのような社会での地域格差は、たとえていうなら甲子園の出場校にチームによってあらかじめ点数差がつけてあるとか、大学入試センター試験で高校ごとに点数に下駄が履かせてあるようなものだ。

要するに閉鎖的で一元的なわが国のような社会では、機会の均等がいっそう求められているのである。

地方自治はどこまで必要か

最後に法制度や歴史をひとまず棚上げし、そもそも地方自治がどこまで必要かを考えてみたい。

地域には地域の特性がある。一方には大企業の本社が集中し、人口が密集する超過密の大都市があれば、他方には限界集落を抱える過疎地域もある。台風の被害を受けやすい地域や豪雪地帯もある。また原発や米軍基地を抱える地域もある。このように地域によって自然条件も社会的な条件も、また住民の意識も異なるので、地域の人々の声を吸い上げ、住民の要求に沿った行政を行わなければならない。

しかし、それは地方自治がなければ絶対不可能だといえるだろうか？

過密・過疎の問題にしても、自然環境にしても、地域の特性は都道府県や市町村の行政区域と必ずしも一致するわけではない。歴史的・文化的に行政区域を越えた結びつきが強いところもあれば、同じ行政区域の中でも利害がことごとく対立する地域もある。

したがって自治体ごとに対応するより、イシュー（論点）ごとに共通の問題を抱える地域の声を政治に反映させるほうが合理的である。

極端な話をすれば、かりに地方自治体がなくても国会議員が全国の各地域から選出され、また国の出先機関が地域の声を吸い上げれば、地域の事情、地域の特殊性は政治や行政に反映させられるはずだ。特定のイシューで地域の境界を越えて問題解決に取り組むNPOなどの出番も増えてくるだろう。そうすれば不条理な地域間格差は解消できるし、首長のパフォーマンスに住民が振り回されることもなくなるはずだ。

別の方法もある。たとえば財政が悪化して自治体の経営が難しくなれば、国が自治権を取りあげる代わりに全国の平均レベル（もしくは標準レベル）の生活を住民に保障するようにしたらよい。そうすれば住民は大喜びするに違いない。そして、分権や自治とはいったい何だったのかと考えるだろう。

いずれも現行法上は不可能な話だが、はじめに分権ありきの議論を疑ってみてもよいのではないか。

本章で述べたことを要約しておこう。

地方自治、地方分権はよいことだという前提で政治や行政の改革が進められているが、個人の視点から見るとそこには「影」の部分がある。改革の中で軽視されてきた自治や分権の「影」は、今日の社会的・技術的環境に照らせば小さくなるどころか、むしろ大きくなっていることに気づくべきである。そして、地方自治、地方分権によって後退した国の役割をもう一度評価しなければならない。

第七章　ＰＴＡや町内会は自由参加でよい

一　人々を遠ざける無用な壁

ＰＴＡと町内会はなぜ、これほど似るのか？

前章で説明したとおり、組織や集団はその規模が小さくなるほど人々にとって身近になる反面、「組織の病」が極端な形であらわれやすい。その象徴が学校のＰＴＡであり、地域の町内会、自治会である。

そこで、この章ではＰＴＡや町内会という組織のどこに問題があるかを探るとともに、個人を尊重する新しい時代の組織づくりについて提言したい。

いうまでもなくＰＴＡと町内会は目的も違うし構成員も違う、まったく別の組織である。しかし、ともに長い歴史を有しており、組織の形態や運営方法には多くの共通点がある。また私自身、ＰＴＡと町内会の両方の活動にかかわった経験があるが、二つの組織が内包する問題点が驚くほど似ていることがわかった。

第一に、どちらも法的な強制力のない任意団体であり、会員になるかどうかは本来自由なはずだが、現実には「加入が当然」とされ、全員加入が前提になっているケースが多い。また、ともに学校に一つ、地域に一つという独占的な団体であり、人々に選択の自由がない。

第二に、どちらも学校生活、地域での生活と深くかかわるため、そこから逃れられない。過激な表現をすれば、子どもの将来や自分たちの生活が「人質」にとられているわけである。したがって、嫌われたり敵をつくったりするという代償が大きい。そのため個人の意思や主義主張を貫くことが難しく、「長いものに巻かれる」ようになりがちである。みんなが不合理だと思っていてもなかなか改善が進まないのは、そこにも理由がある。

第三に、どちらも建前は自発的、自律的な組織だが、実際は学校や行政の下請機関のようになったり、上部団体の末端に位置づけられたりしている。

第四に、「子どもの教育に親が汗をかくのは当然だ」とか、「地域の生活や安全を守るのは住民の務めである」というような有無をいわさぬ「正論」があって、それが改革を阻む厚い壁になっている。

第五として、生活スタイルの違いにより参加に積極的な人と消極的な人にかなりはっきり分かれることがあげられる。つまり、専業主婦や高齢者など時間的に余裕があり活動に生きがいを見出している人がいる一方で、他方には共働きや若者など時間的に余裕がなかったり必要性を強く感じなかったりする人がいる。そのため活動内容を充実させるか、簡素化するかというように利害が真正面から対立するのである。

そして第六に、戦後七〇年もの間、その形態や運営方法を大きく変えずに引き継がれてきたため、時代の変化に合わなくなっていることがあげられる。


このようにPTAや町内会がまったく別の組織であるにもかかわらず共通点がとても多いのは、日本の社会的な風土の中では類似した組織が生まれやすいことを示しているのかもしれない。かりにそうだとしたら、改善の方策も一緒に打ち出せるわけである。

いずれにしても両者はほぼ共通した問題点を抱えているため、両方の組織をまとめて論じることにする。したがってPTAあるいは町内会について述べているところでも、本質はほぼ同じだと考えてもらいたい。

PTAには七割がマイナス・イメージ

朝日新聞は二〇一五年五月、PTAをテーマに特集を組み、五回のシリーズで毎回一面を割いて連載した。日本を代表する大新聞でこれほど大々的に取りあげられたということからも、PTAがいまあらためて多くの人の関心を引くテーマになっていることがうかがえる（なお同年九～一〇月には自治会・町内会もまた六回シリーズの特集が組まれた）。

PTAの連載では、同紙デジタル版で行われたアンケートの結果が紹介されている（二一〇四回答）。まず注目されるのは、人々がPTAの組織や活動をどうとらえているかである。

PTAのイメージについて尋ねた質問への回答を見ると、「面倒くさい・負担が大きい」が七三％（複数回答）と圧倒的な票を集めている。アンケートの性格上、現状への不満をもつ人が多く回答していると考えられ、必ずしも世論を正確に反映しているとは思えないが、それにしてもネガティブなイメージをもつ人がとても多いのが印象的だ。

では、具体的に何が面倒くさく、負担が大きいのか。

朝日新聞(五月四日・一〇日付)の紙面に掲載された体験や意見の書き込みから、それに当たるものをいくつか拾いあげてみよう。

「市のPTAの展覧会に出品しなければならないからと、頭を下げて仕事を休んで、フラワーアレンジメント教室に義務で参加せざるを得ない状況はおかしいと思う。」(埼玉県・30代女性)

「企業に勤めながらPTA会長を2年間務めた。学校の主な行事と上部団体への参加だけの条件で引き受けたが、年間20日の有給休暇の8割を使った。」(埼玉県・40代男性)

「学校行事の度に運営役員が駆り出され、お茶くみや弁当配りをさせられることに納得がいきません。卒業式の来賓へのお茶出し、終了後の食事接待の準備・片づけ、教員の祝賀会の準備、先生方との食事。必要でしょうか? 先生は一切手伝いません。」(神奈川県・40代女性)

面倒くささや負担の大きさは委員になったとき、わが身に降りかかってくる。作家の川端裕人は小学校のPTAで委員を五年間務めた経験をふり返り、クラス代表を決める際の光景をつぎのように描写している。

「廊下を歩くと、きつい会議から解放されたばかりのお母さんが、急に緊張がとけたせいか歯をガチガチいわせていたり、歩行困難に陥ったり、目に涙を浮かべたりしているのに出会った」。彼自身、「その並外れて殺伐とした雰囲気にやられてしまって、終わったあとで、手の震えが止まらなくなった」そうだ（川端、二〇〇八、一〇一頁）。

何というおぞましい光景だろう。およそ教育の場、自主性や民主主義をうたい文句にする組織には似つかわしくない。

一方では、貴重な参加・交流の機会を提供

ところが、他方にはＰＴＡの意義を高く評価する人、はりきって活動に参加している人もいる。

朝日新聞のアンケートでは、「親の責務」「ためになる」「楽しい、おもしろい」という回答もそれぞれ三五％、二二％、二〇％ある。紙面（五月三日・一〇日付）の中から肯定的な声を拾いあげてみよう。

「好き嫌い以前に、無関心な人が多いと感じる。役員をしてみれば、それなりに人との交流は楽しく、意義のあることだと気づく。取っ掛かりは義務でもいい。まずやってみ

ること。無関心は子育て放棄と同義語。」（大分県・40代女性）
「会長でした。自動車関連に勤める男性が多く、土日休みや、有休の取得が容易で本部の半数は男性。初めは仕事や趣味の話で盛り上がりましたが、今では、通学路の危険な箇所に保護者をどう展開しようか、卒業式の服装が華美になりすぎているなど、学校の話題が中心に。家庭でも子供や妻と会話が増えたと喜んでいます。」（愛知県・30代男性）

身の回りを見渡しても、男性・女性を問わずＰＴＡ活動を楽しんでいる人、それが生きがいになっている人はけっこう多い。幼稚園や小学校のＰＴＡ活動がきっかけで何十年も友だちづきあいが続いているようなケースも珍しくない。

ＰＴＡに頼らなくても友だちは自由につくればよいという意見もある。しかし現実には、そのための機会や場がなければ難しい。社交や人間関係構築そのものを目的にした集まりはまだ日本ではつくりにくいし、たとえつくっても長続きしないものだ。とりわけサラリーマンや専業主婦にとって、会社や家庭の外の世界を学び社会活動に参加する機会はそう多くない。

その意味で、ＰＴＡは人間関係をつくり、社会活動を体験できる絶好の場になっているといえよう。そして実際に親目線での教育環境改善、子どもの安全確保、さまざまな問題解決といった役割を果たしていることも見逃してはならない。まちづくりや福祉、青少年の健全育成といった地域活動の中心になって活動している人の多くは、ＰＴＡから出発していること、すなわちＰＴＡが地域デビューのきっかけになっているという現実もある。

ビフォア・アフターの意識差は何を意味するか

このように一方にはＰＴＡの組織や活動に否定的な人がいて、他方には肯定的な人がいる。それは当然なのかもしれないが、特徴的なのは立場や意見が人によってかなりはっきり分かれること、そしてＰＴＡの活動に参加する前と後とでは好き嫌いが大きく違っていることだ。

私はＰＴＡや自治会の会長をしていたとき、役員選任の際には川端が述べたのと同じようなシーンを目にした。抽選で役が当たったとたんにパニック状態になる人や涙ぐむ人がいる。

それでも、たいていの人が渋々引き受ける。しかし、いったん腹をくくったら表情は和らぐ。会合の回を重ねるごとに役員同士が親しくなり、前向きな姿勢に変わっていくのがわかる。そしてイベントやレクリエーションの企画、運営になると、もはや嬉々として活動している。あっという間に一年の任期が終わりを迎え「お別れ会」を開くと全員が名残惜しそうだ。これで終わるのが寂しいと涙を流す人もいる。

一年前に流した困惑の涙が惜別の涙に変わっているのを見ると、入り口の心理的ハードルをなんとか取り去ることができたら、PTAや町内会の活動を避けている人にも楽しく有意義な機会を与えられるのに、と考えてしまう。

PTAにしても町内会にしても、多くの人はその活動に意義を認めている。そして子どもたちのため、地域のために何らかの形で役立ちたい、地域社会でつながりをもちたいと思っている。けれども他方では組織と距離を置きたい、かかわりたくないという本音があり、そのジレンマに陥る。そして多くの場合、後者のほうが勝ってしまう。それが現実なのだ。

そうしたジレンマは、組織の「壁」があまりにも厚いところからきている。

実質的な「壁」は一般の会員と役員との間にあるといってよい。

組織の活動にかかわって、もし役員になると文字どおり組織の一員として活動しなければならず、時間の面でも労力の面でも精神的にも負担が大きい。そのため、仕事や生活に支障がでる。かかわりさえしなければそうした負担は免れる。その代わりに貢献や体験の機会も奪われる。つまり「全」か「無」かなのである。

「全」か「無」かはもう古い

内と外を隔てる壁が厚く、内側には濃厚な人間関係と組織の論理に支配される世界がある一方、外側にいると活動に参加することができず、人間関係も築けない。ゆるやかな参加、つかず離れずというかかわり方ができないのである。

ちなみに、これは日本の組織に共通する特徴である。

たとえばサラリーマンの世界には「ムラ社会」と呼ばれるほど濃密な人間関係とその会社特有の空気、掟が存在する一方、いったん会社を辞めればすべての人間関係から切り離される。学校のクラブ活動にしても同じだ。運動部に入らなければ学校でスポーツを楽しむことはできないし、運動部に入れば土日も休みなしの文字どおり運動漬けの生活を送らなければならない。やはり「全」か「無」かなのである。

組織がこのように厚い壁で内と外を隔て、「全」か「無」かの二者択一を迫ってきたのは、日本人に「公」という概念が乏しく、内輪の対人関係しか築けないためだろう。

しかし、このような「全」か「無」かの両極化は、これからの時代には通用しない。実際、仕事の世界では雇用と自営の融合とでもいうべき現象が起きている。情報・技術系の会社では社員であっても勤務時間や働く場所にはあまり制約を受けないし、フリーランスの人も会社と契約して働いている。

彼らは一つの製品、一つのビジネス、一冊の雑誌、一本の映画をつくるために協力し合うプロジェクトのメンバーであり、雇用か自営かといった立場の違いはほとんど意味をもたない。そして組織の内外を隔てる壁は薄く、メンバーはそれぞれが別の世界をもっている。

仕事を核にしたゆるやかなつながり。それはPTAや町内会にも応用できる、これからの組織像である。「新しい酒は新しい革袋に盛れ」(新約聖書「マタイ伝」)という。世の中がこれだけ変化しているのに、七〇年も前につくられた制度にこだわり続ける必要などないのだ。

では、このような組織像をイメージしながら、新しいPTAや町内会をどうやってつくればよいかを考えてみよう。

二　民主化の三原則

問題の本質はどこにあるのか

ＰＴＡにしても町内会にしても、役員の引き受け手を見つけるのが難しい。そして、大半の人が組織にあまり深くかかわりたくないと思っている。このような組織はやはり正常ではなく、構造的な欠陥を抱えていると考えて間違いない。

そこで、まずＰＴＡや町内会の組織が抱える問題の本質はどこにあるかを述べておきたい。

第一は、全員加入という前提、それにクジや回り持ちで半強制的に役員を割り当てる運営方針である。そもそもクジや抽選は希望者の中から選ぶときに使うものであり、それで「犠牲者」を選ぶのはロシアンルーレットと同じである。

ＰＴＡのＰはペアレンツ（親）、Ｔはティーチャー（教師）、そしてＡはアソシエーションの頭文字をとったものである。「アソシエーション」とはもともとコミュニティと対比される概念であり、目的を達成するため自発的に結成された団体を意味する(MacIver, 1937)。したがって参加するかどうかは本来自由なはずであり、強制的な加入や全員加入というやり方はなじまない。

ところがわが国の組織は、建前は任意加入、自由参加であっても実際には半強制的加入、全員参加を原則に運営されているケースが多い。ＰＴＡや町内会、自治会のほか企業の親睦行事や小集団活動などもそうである。このような制度の趣旨や公式なルールを大きく超えた運用が、必要以上に個人を束縛する原因になっている。

第二の問題は、個人の多元的帰属、生活の多様化が考慮されていないことである。人間は家族や会社、学校、地域、ボランティア団体、趣味の会などさまざまな集団や組織へ多元的・部分的に属していて、それぞれの集団の中で役割を果たしたり、生きがいを見出したりしている。

しかも昔に比べて一人ひとりの生活範囲は広がり、生活スタイルも多様になってきている。町内会を例にとると、同じ地域に住んでいてもその土地に定住している旧住民もいれば、転勤や進学でたまたまそこに住むようになった新住民もいる。また三世代同居の世帯と単身世帯、高齢者と若年者、自営業者とサラリーマン、平日の昼間に働く人と土日や夜間に働く人が混在しており、共有できる利害や共通して割ける時間は少なくなっている。さらに最近は外国人の居住者が増え、住民の価値観や生活もいっそう多様化している。

にもかかわらず、ＰＴＡにしても町内会にしても、会議や行事の予定を一方的にきめて出席を強制するなど、旧態依然の行事や運営方法が踏襲されているケースが多い。そのため深くかかわると、子育てや家庭生活にしわ寄せがでたり、女性の社会進出の足かせになったりすることもある。

第三の問題は、第一、第二とも関係するが、どうしても必要とは思えない行事が多く、それが過剰な負担となって参加する足を遠ざけていることである。その背景には、前述したように活動に積極的な人と消極的な人との温度差が大きいという現実がある。

一方にはＰＴＡ活動をとおして学習したり仲間をつくったりするのを楽しみにしている専業主婦や、地域活動を定年後の生きがいにしている人がいる。他方には仕事や家庭の用事で忙しく、できるだけかかわりたくないという人もいるのである。

そうした現実があるなかで全員参加の方針を貫き、役員を平等に割り当てようとすると、消極的な人に対しても負担を押しつけることになってしまう。

これらの問題点を踏まえ、組織運営について三つの原則を提案したい。

①自由参加の原則

PTAにしても町内会にしても、加入を強制すべきでないという意見もあれば、全員加入の原則を維持すべきだという意見もある。つまり、両論があるわけだ。

しかしPTAにしても町内会にしても任意の団体であり、加入を強制する根拠はない。したがって、有形無形の圧力で全員加入を貫こうとすることは無理があり、制度の趣旨に反する。そこで、加入は任意であることを最初に明示し、加入するかしないかを自由意思で選択させる手続きが必要になる。つまりデフォルト（初期設定）で参加させるようなやり方は好ましくないわけだ。

実際、PTAにしても町内会にしても、自由参加にしている例は全国にたくさんある。また、役員制度を廃止したところもある。

ただ自由加入にした場合、結果的に会員不足で組織の運営が成り立たなくなるケースも想定しておかなければならない。そして、任意団体なのだから組織が成り立たなくなったら廃止すればよいというところまで腹をくくっておくべきだろう。

PTAの組織をもたない学校は珍しくないし、町内会のない自治体もある。

後者の例として、全国的に注目されている東京都武蔵野市のケースを紹介しておこう。

町内会のない自治体——武蔵野市のケース

武蔵野市は東京のベッドタウンとして人口の流出入が多く、単身世帯や集合住宅に居住している人の割合が高いのが特徴的なまちである。

わが国の町内会組織は非民主的であるという理由から、戦後GHQによっていったん廃止された。それが一九五一年の講和条約締結後ほとんどの市町村で復活したという歴史がある。しかし武蔵野市では、あえて町内会を復活させず今日にいたっている。

一九七一年に策定された第一期武蔵野市長期計画の中で「コミュニティは新しい『ふるさと』武蔵野市の基礎単位」という位置づけのもと、「武蔵野市のコミュニティ構想」を提起した。その後ハード、ソフト両面でコミュニティづくりの取り組みが行われ、一九八一年に、住民による「自主参加・自主企画・自主運営」をコミュニティ運営の基本原則にするという「自主三原則」が確立された。二〇〇二年に施行された「武蔵野市コミュニティ条例」の中にそれが明文化されている。

武蔵野市の特徴は、ボランティアを基本にし、ボランティアになじまないものは行政がやるというところにある。したがって、普通の自治体なら町内会が当然のように担っている住民の役務がない。

各種の行政サービスは市が市民個人に対して直接提供している。たとえば市報の配布は市がシルバー人材センターに委託して直接配布しているし、街路灯の管理や住宅側溝の掃除なども市が行っている。また家庭ゴミの収集も以前はゴミステーションに集まったものを市が回収していたが、ゴミ袋を購入してもらう有料方式に切り替えたのを機に、市が戸別回収するようになった。

そのほか、防犯・防災活動にしても福祉活動にしても基本は「手あげ方式」でボランティアによって担われている。

一方では、農村共同体的ではない新しいつながりを目ざして公設民営のコミュニティセンター（分館も含め現在二〇館）を設置し、ボランティアの地域住民によって組織されるコミュニティ協議会がそれを運営している。武蔵野市の人口は約一四万人だが、その一％にあたる一四〇〇人が運営にかかわっているという。

このように武蔵野市の地域活動には「自主」の原則が貫かれており、強制的もしくは半強制的なものがいっさいない。そのことを理由に他の地域から武蔵野市へ引っ越してくる人もいるそうだ。

地方ではいま、「地方創生」の政策を追い風に都会から移住してくる人が増えている。ところがせっかく地方に移り住んでも、予想していた以上に負担の大きい地域活動に耐えきれず、都会に戻ってしまう人が多いという。地域活動の負担は、定住をきめるうえでいかに大切な要素であるかを物語っている。

ちなみに欧米や中国などには日本の町内会に当たるようなものはなく、住民サービスや地域活動は武蔵野市に近いスタイルで行われている。わが国でも武蔵野市のような形態がどれだけ広がっていくか注目される。

ＰＴＡにしても町内会にしても、実際に自由加入にしたり、組織を廃止したりする場合、これまでＰＴＡや町内会が担ってきた活動を洗い直し、活動内容に応じて運営主体を整理していく必要がある。それについては次節で一つのモデルを提案したい。

ところで、「自由参加の原則」の趣旨は単に加入を強制しないという消極的な意味だけではない。できるだけ外部に開かれた会にするという積極的な意味も併せもつ。

アメリカのＰＴＡは参加が強制されない一方、親以外の地域の人も参加している。日本でもPTA役員のOG・OBや地域のお年寄り、卒業生などに「PTAサポーター」として活動を一緒に担ってもらっているところがあるそうだ（川端、二〇〇八、一七六頁）。

② 最小負担の原則

PTA、町内会の活動の中には常識的に考えて、そこまでやる必要があるのかというものも少なくない。

私の住んでいる地域では中学校の近くに大きな川が流れている。遊泳禁止のその川で生徒が泳ぐと危険なので、夏休みの間、中学校のPTA会員が炎天下のテントで毎日見張り番をしていた。生徒がおぼれるリスクより、親が熱中症で倒れるリスクのほうが高いのではないかと思われるが、「子どもの安全」という大義名分には逆らえないのである。

また、労多くして功は少ない活動もたくさんある。PTAのベルマークやペットボトルのキャップ集めなどはその代表格である。

ベルマークでかりに一〇万円の楽器をもらおうとしたら一〇万点という気の遠くなる

ような点数を集めなければならないし、ペットボトルのキャップ・リサイクルは活用そのものの不透明さが物議を醸した。かりに活動そのものを楽しむのが主目的なら、もっと楽しく、互いに仲良くなれる活動はいくらでもあるはずだ。

こうした活動は子どもや社会のために少しでも役立とうという純粋な気持ちから生まれてきたのかもしれないが、忙しい人やＰＴＡ活動に消極的な人をいっそう組織から遠ざける原因になっていることを見逃してはならない。

少なくともボランティアではなく参加を強制する力が働いている以上、重要度の低い活動は廃止したり合理的な方法を工夫したりするなど、時間、労力、出費の負担を最小限に抑えることを原則にすべきである。

③　選択の原則

すでに述べたように近年、ＰＴＡや町内会活動に否定的、もしくは消極的な人が増えた背景には、人々の生活が多様化、複雑化したことがあげられる。仕事や生活とスケジュールが重なったり、両立に無理がでたりするケースが増えているのである。逆にいえば、バッティングを避けるような工夫さえすれば、かりに活動量は同じでもはるかに参加しやすくなるわけである。

そのためのキーワードが「選択」である。

たとえば時間はとられても責任の軽い役のほうがよいという人もいれば、その逆の人もいる。平日のほうが出やすい人もいれば、土日の行事なら出られるという人もいる。したがって役員選任の際に立候補制を取り入れるとか、一つの役を複数人でこなすといった工夫をすればよい。会長の負担を減らすため、上部団体の会合に出席するだけの委員を置いているところも増えているようだ。

またPTAの場合、わが子の在学している期間の中で都合がよい年度に一年間だけ役員を務めればよいようにしているところもある。そうすれば今年は上の子が受験で忙しいので来年引き受けるとか、後で楽をしたいので先に済ませてしまうというように調整がきく。役職の負担に応じてポイントをつけ、わが子の在学期間に一定のポイントに達すればよいとしているケースもある。

ある小学校のPTAでは役員を選挙で選ぶ方式をあらため、保護者に希望する役職と引き受けられる年度を自己申告してもらい、それを尊重しながら数年間の役員を割り当てるようにした。すると行事への参加者が急増したそうである。参加すると選挙で役員に選ばれるのではないかという不安が、行事への参加を渋らせていたわけである。

なお、ここに提示した三つの原則に通底するのは、強制は必要最低限にとどめるべきだという考え方であり、私はそれを「強制最小化の原則」と呼んでいる（太田、二〇〇一）。任意団体には本来、強制があってはならないのである。

三　意欲に応じた参加のモデル

意欲と活動のタイプ分け

それでは、ここに掲げた原則に基づいて、ＰＴＡや町内会へのかかわり方の指針となるような一つのモデルを示してみよう。

まず、活動への参加意思（意欲）によって、個人をつぎの四つのタイプに分ける。

［積極型］

活動には積極的にかかわりたいと思っている人。少数派だが、属性としてはＰＴＡなら専業主婦、町内会なら自営業者や定年退職後の人に比較的多い。

[ジレンマ型]

活動に参加したい、意見をいいたいと思う反面、負担感やわずらわしさもあって現実にはなかなか参加できないというジレンマを抱える人。男女とも勤めをもつ人や育児、介護にたずさわる人などにこのタイプが多い。

[消極型]

必要最小限しかかかわりたくないという人。属性に関係なく、比較的多数を占めるのがこのタイプである。とくに都市部ではこのタイプが多い。

[拒絶型]

入会そのものを拒否している人。全国的には少数派だが、都市部では多数派になることもある。

つぎにPTAや町内会の活動を、その性質によって三つに分類してみたい。

[共益活動]

子どもや地域住民のために行う活動。登下校の見守り、回覧板、防犯パトロール、地域の溝掃除、ゴミ収集の後始末、街路灯の維持管理、防災訓練、行政との交渉や連絡、運動会や祭などイベントの準備・運営など。なお農村地域になると草刈り、葬儀の手伝い、農業用水の管理、その他さまざまな仕事が加わる場合が多い。

［親睦活動］

主として会員相互の親睦や会員の教育・研修を目的にした活動。ＰＴＡの懇親会・食事会、おやじの会、スポーツ大会、各種文化活動など。

［奉仕活動］

本来はＰＴＡや町内会が行うべき活動の範囲を超えると思われる、上部団体等への奉仕的な活動。連合会への出席、講演会への動員、ＰＴＡによる学校行事の手伝い、ペットボトルのキャップ集めなど。

タイプごとのかかわり方

さて、ここからが本番である。それぞれのタイプの人が、それぞれの活動にどうかかわるべきかを考えてみたい。ただし、ＰＴＡや町内会の組織そのものをもたないケースは除外している。

まず「拒絶型」の人は入会する必要はない（自由参加の原則）。この点は前提条件として重要である。どんな理由があろうとも、入会したくない人を強制的に入会させることは望ましくないばかりか、やや大げさないい方をすれば人権侵害になる。

そして、たとえ入会を直接強制しなくても、PTAの会員にならないと子どもが仲間はずれになる、学校行事に参加できないとか、町内会に入らなければゴミ出しができない、市からの連絡が届かないといった不利益を受けるなら、入会を強制しているのと同じである。

そもそも子どもの権利の保障や住民に対する基本的サービスの提供は、学校や行政の責任で行わなければならない。前述したように欧米や中国など海外では、日本の町内会が担っているような地域のサービスは行政の責任である。フランスでは犬の糞の後始末も役所が行っているのはよく知られた話である。わが国の場合、行政のスリム化は、役所が本来担うべき役割を住民に肩がわりさせることで実現してきたといっても過言ではない。

つぎに、入会そのものを拒否する「拒絶型」の人を除いて、渋々ながらでも活動に参加する意思のある三つのタイプの人を三種類の活動にどう割り当てるかを説明しよう。「消極型」の人は、会員として必要最低限の活動にだけたずさわればよい。それは「共益活動」である。ただ共益活動の中には慣例上ＰＴＡや町内会が行ってきたものの、本来は行政が行うべきものや、廃止もしくは簡素化できるものも少なくない。したがって会員の中に「消極型」の人がいるかぎり、「最小負担の原則」にしたがって共益活動は最小限に絞り込んでいくべきである。

「ジレンマ型」の人は、余分な負担は避けたいという点では「消極型」と同じである。ただ、他方ではみんなと一緒に活動したい、子どもや地域のために役立ちたいという希望ももっている。したがって「最小負担の原則」や「選択の原則」で共益活動の負担水準が下がれば、親睦行事にはためらいなく参加できる。

いずれにしても現実の課題は、いかに強制や押しつけをなくし、なおかつ公平な負担で必要最低限の共益活動を行うかである。そのために有効な一つの手段が、市場メカニズムの導入である。ここでは町内会の共益活動を念頭において考えてみよう。

出不足金の妥当な金額をどう決めるか

地域で草刈りや清掃活動などを行うとき、欠席する人からお金を取っているところがある（いわゆる出不足金）。金額は一日当たり二〇〇〇円程度のところから一万円以上のところまでさまざまだが、客観的・合理的な基準がないと参加者・不参加者の双方から不満がでる。

ここで思い出してほしいのは、経済原則から乖離した年功制が年配者に大きな心理的負担を課してきたこと（第二章）や、違反者への「罰金」や成果主義が後ろめたさや罪悪感を解消したこと（第三章）である。

不祥事や違反の場合と違って、地域活動の欠席は何も悪いことをしているわけではない。したがって、堂々と金銭で解決すればよいわけである。

共益活動を欠席する場合は、代わりにその人がアルバイトを雇うと仮定すればよい。つまり、アルバイトを雇える金額を支払うようにするわけである。このようにすれば、お金を払うことによってまったく気兼ねなく欠席できるので、「選択の原則」にもかなう。実際にその金額でアルバイトを雇ってもよいし、地域の収入にしてもよい。

そして、この考え方をとるなら、参加者がゼロになったとしても全員アルバイトで作業させるか、業者に委託すればすむわけである。もっとも共益活動の大半は本来なら行政が行うべき仕事なので、地域住民が負担しなければならない範囲はかぎられるだろうが。

図表６　意欲に応じた参加モデル

参加意欲＼活動内容	共益活動	親睦活動	奉仕活動
積極型	○	○	○
ジレンマ型	○	○	×
消極型	○	×	×

けれども、このようなやり方に対しては、やはり「お金ですませようとするのはおかしい」という批判の声が必ずといってよいほどあがってくる。一緒に活動し、汗をかくところに意義があるのだというわけである。たしかに、それが理想かもしれない。しかし、そのような理想主義が活動の簡素化を阻み、人々を遠ざけてきたことも事実である。お金によって束縛感や不公平感をなくし、結果として自発的な参加意欲を引き出せるなら、理想主義より現実主義をとるべきではなかろうか。

最後は「積極型」の人である。「積極型」の中には活動そのものを生きがいにしている人も少なくないので、負担の問題は他のタイプに比べれば深く考えなくてもよい。したがって奉仕活動を含めすべての活動にたずさわってもらえばよい。本来必要な業務の範囲を超える奉仕活動は、「積極型」の人がいてはじめて継続できるわけである。

それでもムダな活動が多すぎたり、自分たちだけが押しつけられていると感じたりすると、「積極型」の人からも不満が出るだろうし、「ジレンマ型」や「消極型」へ変わってしまう可能性もある。したがって「積極型」に対しても、「最小負担の原則」は適用したほうがよいだろう。

以上を一覧表にしたものが図表6である。

ただし、これはあくまでも基本形である。親睦活動は好きな人だけが自発的にやればよいので会としては行わないとか、逆に親睦活動だけに特化して共益活動や奉仕活動は行政に返上するという考え方もありうるし、必要最低限の共益活動だけを行うという夜警国家型の選択肢もある。

いずれにしても、このように参加意識に応じて活動を割り当てれば、参加に積極的な人も消極的な人も満足できるし、ジレンマも解消されるはずである。

「やらされ」感から、「やりたい」感へ

このように、役を機械的に割り当てたり、クジや抽選で有無をいわせずに押しつけた

りするのではなく、可能なかぎり選択の余地を残すことで負担感ややらされ感は大幅に減少する。

そして、かかわったら役を押しつけられてたいへんだ、という心配がなくなれば心おきなく参加できるようになるので、加入率の低い都市部の町内会も未加入者が減るはずだ。実際にＰＴＡでも町内会でも抽選や回り持ちによる役員の割り当てを廃止したり、会議や行事を減らしたりすることで加入率が上がったという事例が報告されている。

さらに「自由参加の原則」を明示することで、やらされているという受け身の気持ちが消える。すると、やってみたいという前向きな気持ちが生まれる。「やらされ」感が「やりたい」感に変わるのである。

第一章で企業の社員旅行や運動会について述べたのと同じように、「辞められないからしかたなく参加している」というのと「いつでも辞められるが自発的に参加している」というのでは、満足度や態度に天と地ほどの差が生じる。

むすび　組織と社会の構造改革を！

規制緩和の陰で肥大化した組織

本書で私が一貫して批判してきたのは、組織の肥大化である。もちろん肥大化したというのは組織の規模ではなく組織の役割であり、組織の成員に対するかかわり方が強すぎることを意味する。俗っぽい表現をすると、組織がでしゃばりすぎ、お節介を焼きすぎるのである。それを「大きな政府」「小さな政府」になぞらえるなら、「大きな組織」の弊害ということになる。

周知のとおり一九八〇年代以降、主に海外からの要求に応える形で規制緩和、規制改革が唱えられ、さまざまな企業や業界団体による「官から民へ」「国は口を出すな」という掛け声とともに、「小さな政府」づくりが進められていった。

規制緩和で自由になった企業は、金融、電気通信、電力、農業などさまざまな分野に進出し、新しいビジネスモデルに則ってユニークな経営を行うようになった。それにともなって雇用形態の多様化も進み、いまでは派遣社員やフリーターなど非正社員が四割を占めるようになった。

しかし、規制緩和の恩恵を受け自由を謳歌するようになったのは企業だけであり、個々の社員にとっては恩恵が少ないばかりか、逆に不利益をこうむることが多くなっている。

給料制度をはじめ退職金や年金など、転職すると不利な制度は昔のままだし、自由化が進んだといってもフレックスタイムや裁量労働、在宅勤務といった自由な働き方はほとんど普及していないのが実態だ。たまに柔軟な勤務時間制度が取り入れられていても、その多くは業務の繁閑に応じて勤務時間を増減するものであり、個人の都合とは一致しない。そんな制度ならないほうがよい。

またトップから事業部長や支店長などへの権限委譲が進む一方で一般社員への権限委譲は進まず、彼らに与えられた裁量権や影響力は海外の企業に比べて明らかに小さい。顧客や市場と接する担当者レベルでは何もきめられないのである。

そして、社員はあいかわらず人事部によって一方的に異動させられ、仕事の分担や責任も不明瞭ななかで成果責任だけが問われる。結果として、個人の責任によらない待遇やキャリアの格差が広がっていく。

国と地方の関係でも構図は同じだ。地方分権改革によって地方への権限委譲は進んだが、その恩恵を受けているのは主に首長と役所組織、それに一部の業者くらいであり、住民には恩恵が少ない。とりわけ過疎地域や財政基盤の弱い自治体の住民にとっては、むしろ国民に広く均霑する国の役割をもっと強化してもらいたいというのが本音だろう。

こうした現実は、規制緩和によってもたらされる「小さな政府」が、個人にとっては恩恵に乏しいばかりかむしろ有害な要素をはらんでいることを物語っている。

ところが、「大きな政府」が新自由主義によって攻撃されたのとは対照的に、「大きな組織」のほうはそうした批判を浴びることがなく、見直される気配もない。企業の自由を唱える新自由主義は「大きな組織」の歯止めにはならず、それを食い止める「天敵」はいないからだ。

そのため企業や役所はあいかわらず組織の内と外を隔てる厚い壁を築き、入り口での選別、内部での評価と序列化を強めているし、分厚いミドル層と年功制を基調にした人事、微に入り細にわたる部下の管理（マイクロマネジメント）は以前と大きく変わっていない。

社員の兼業（副業）を禁止している企業も、減るどころかむしろ増加傾向にある。大学を頂点とする学校もまた同様であり、自らの存在意義を高めるためだけとしか思えないような大学改革や入試改革は年中行事のようにくり返されている。

ここで冷静に考えてみよう。閉鎖的な組織にしても、組織による選別・評価・序列化にしても、いわゆるマイクロマネジメントにしても、少品種大量生産型の工業社会、ならびに先進国や先進的なモデルへのキャッチアップの時代の産物である。だからこそ今日、いたるところできしみが生じ、世界から取り残されようとしているのだ。

「小さな政府」より「小さな組織」を

いま、ほんとうに規制緩和が必要なのは、政府による規制よりもむしろ組織の中での規制である。言い換えるなら「小さな組織」こそが求められているのである。その大きな理由は、つぎの二つである。

まず、社会的には人の流動化が進み、転職や独立はいちだんと増加する。また経済のグローバル化、ボーダレス化が進行し、市場メカニズムがいっそう強力に世の中を席捲することも間違いない。そうすると組織の内と外を隔てる壁は意味がなくなるどころか、個人が市場や社会に適応するのを妨げる大きな障害になる。たとえていうなら、大海の中で泳ごうとしている人をロープで船に縛りつけているようなものだ。

個人の生活スタイルの変化も見逃せない。夫婦共働きは当たり前になったうえ、通勤・通学の範囲は広がり、会社に勤めながら大学院や専門学校に通う人や、休日はボランティアやNPOで活動する人も増えている。また同じ地域に住んでいても、家族構成や職業、居住形態などはだんだんと多様になってきている。人々の最大公約数が見つけにくくなったわけである。その結果、組織は個人に対して深く介入することができなくなる。

日本企業特有の長時間労働にしても頻繁な転勤にしても、そのしわ寄せは本人だけでなく家族の生活にも大きく及ぶ。学校や地域も同じだ。一方的にスケジュールをきめて参加を強制するPTAや町内会にしても、土日も休みなしで活動して世話する家族の自由まで奪う学校の部活にしても、個人が多様なバックグラウンドをもっていることをまったく考慮していない。

これからの組織は、人々を囲い込んで管理しようとするのではなく、人々に場を提供し活動を支援することに注力すべきである。したがって、大事なのは「小さな政府」より「小さな組織」の実現なのだ。

にもかかわらず組織内での規制緩和が進まないのは、まえがきで述べた「煽動型リーダー」のアジテーションや「パラサイト組織人」たちの抵抗だけが原因ではない。いわゆる識者やオピニオンリーダーたちでさえ表面的には時代の変化を理解していても、事の本質がよくわかっていないことが大きな原因である。

そのため、「日本企業の強みである組織への帰属意識やチームワークで勝負すべきだ」とか、「創造的な人材を選りすぐって採用しなければならない」「〇〇力を備えた人物を選んで入学させ、学生を品質保証して世の中に送り出そう」といった旧態依然の議論、もしくは従来の延長線上の議論に終始してしまう。

「良質なチームワークには個人の自立こそ必要だ」とか、「これからは社員の自発的な動機づけが大切なので組織や管理職による介入は控えよう」「既成の尺度で評価できないからこそ創造的・独創的なのであり、人の手で選ぶより神の手に委ねよう」というような発想の転換をしないのである。そのため、よかれと思って行った改革が、結果的に問題をかえって悪化させるといった愚を犯すことになる。

「中抜き」社会こそ政府の出番

少し視野を広げて見ると、目の前にあるのは、全体と個との間に位置する組織の役割低下であり、「中抜き」社会の到来といってもよいだろう。

そこでは一人ひとりが自由になり権限や影響力も大きくなる代わりに、市場の荒波、グローバルな競争にさらされることは覚悟しなければならない。

市場に任せておけば東京一極集中はますます進み、地域格差は広がる。そして転職や起業が増えれば失業するリスクも高くなるし、組織の中に市場原理が入ってくればそれだけ労働者の所得格差も拡大する。大学が学生の「品質保証」をしてくれなくなれば、若者は実力で仕事を勝ち取らなければならない。

そうなると、これまでのような「小さな政府」一辺倒ではすまなくなる。どこに住んでいても、どのような働き方をしても決定的なハンディがなく働け、生活できるようなインフラを整備する必要がある。また、どこで何度失敗してもまた挑戦できるよう、これまで以上に広くて目の細かいセーフティネットを張っておかなければならない。さらに格差を一定の範囲で是正する富の再分配もいっそう重要になる。業界団体などと連携しながら人材育成のシステムを拡充することも必要だ。

留意すべき点は、セーフティネットにしても富の再分配機能にしても、本来は政府が果たすべき役割の多くをこれまでは企業などの組織が代替してきたことである。けれども、それは組織内の最適化であって、社会的な最適化ではないので不完全だ。

どの組織に属しているか（たとえば大企業か中小企業か）だけで所得も生活の安定も大きく違ってくる現状は、公平な社会とはいえない。格差が社会問題になっているが、とりわけたちの悪い格差である。したがって、これらの役割を組織に肩代わりさせておくわけにはいかないのである。

そして、前述したように企業などの組織にとっても、個人を囲い込んで庇護するメリットが薄れてきた。

いずれにしても、これまでのように中間組織に頼るのではなく政府が本来の役割をしっかりと果たさなければならなくなっているのである。直接恩恵を受ける企業はともかく、国民は「小さな政府」信仰からそろそろ目覚めるべきだろう。

組織の庇護や干渉から逃れ、市場や社会と向かい合って生きる社会の到来。それを歓迎する人がいる一方で、そんな社会はごめんだという人もいるはずだ。しかし、もはや大きな潮流に逆らうことはできない。だとしたら新しい時代の生き方、人と人との関係、社会のルールを進んで取り入れるほうがよかろう。

あとがき

私は研究者になるとき決意した。「個人の尊重」、すなわち個人を大切にし、個人を生かす組織や社会を追究することに研究人生を捧げようと。そして、常にそれを念頭に置きながら組織や社会を研究してきた。研究に当たっては、理論や実証だけでなく、実際に見たり、聞いたり、体験したりすることによって得られる皮膚感覚を大切にしてきたつもりだ。

これまでに訪ねて取材・観察した企業は、家族経営の零細企業から巨大企業まで国内外で延べ一〇〇〇社以上に及ぶ。また大学に職を得る前には公的機関で一〇年あまり働いた経験があり、最近は自治体の職員活性化やコンプライアンスの委員も務めている。PTAや町内会など地域組織の運営にもたずさわった。つまり、本書で取りあげた諸々の組織には、その内部にいたか、直接・間接にかかわってきたわけである。

そこでずっと感じてきたのが、日本の組織に通底するある種の全体主義的な体質である。それが知らず知らずのうちに私たちの自由（「……からの自由」と「……への自由」の両方）を奪い、可能性の芽を摘んでしまっている。また組織の内部者と外部者との間に無意味な厚い壁をつくっている。

要するに、「組織の論理」が強すぎることを痛感したのである。

いまからちょうど二〇年前に上梓した拙著『個人尊重の組織論』（中公新書）では、日本の企業が社員を自立した個人として尊重していないこと、それが社員の心理的な離反をもたらしていることを指摘した。そして、新しい環境に適応するためには組織と個人の関係性そのものを再構築する必要があると訴えた。

その主張はかなりの共感を呼び、各種雑誌の原稿依頼や年間五〇回以上の講演依頼がくるようになった。それでも組織は変わらなかった。

当時の日本企業はバブル崩壊の後始末に追われながらも、その原因がマクロな要因、あるいは組織の外部要因にあると決めつけており、すぐに景気も回復の軌道に乗るものと高をくっていた。それが二〇年にもわたる低迷の時代のはじまりだとは想像もしなかったのだ。当然、組織の構造や組織と個人の関係性を根本的に変えようという動きも起きなかった。

ところが、ちょうどそのころに組織を取り巻く環境、時代の潮流は大きな転換期を迎えていた。

ウィンドウズ95の発売に端を発したインターネットの普及に象徴されるＩＴ革命と、経済のグローバル化、ボーダレス化が一気に進んだ。また経済のソフト化、すなわちハードウェアに比べてソフトウェアが圧倒的な価値をもつようになった。中国や東南アジアなどの新興国がわが国のパートナーとして、あるいは競争相手として急速に存在感を増してきた。

けれども日本企業の組織構造や組織と個人の関係性は大きく変わらなかったし、いまも変わる兆しは見えない。それどころか、本書で見てきたように「組織の論理」はむしろ強まっているくらいである。

注目してほしいのは、その間にわが国の国際的な地位が急低下したことだ。国民一人当たりＧＤＰの順位も国際競争力も九〇年代半ばから、まるで坂道を転がり落ちるように下落していった。数字だけではない。グローバルなビジネスの最前線で仕事をする人や海外生活を送る人たちは、わが国の存在感が急速に薄れつつあることを肌で感じるという。そして、各種調査機関によるエンゲージメント（熱意）の国際比較を見ると、日本人は世界で最も熱意のない国民になってしまっている。

時代に逆行した「組織の論理」の肥大化が、日本企業、日本社会を低迷させている一因であることはもはや疑いがない。「組織の論理」は単に個人にとって有害なだけにとどまらず、いまでは組織と社会の活力を奪い、国際的な地位や存在感まで低下させる要因になっているのである。

それでもまだ、企業人だけでなく大多数の日本人が事の深刻さに気づいていない。とくに最近の傾向として目立つのは、「煽動型リーダー」や「パラサイト組織人」が、つながり、絆、地域、自治、教育といった美しい言葉で私たちの素朴な感情に訴えかけ、冷静に判断する力を麻痺させていることだ。さらに、過熱した住民運動や地域活動が住民に同調を強く迫るなど民主主義の名の下で個人の自由が脅かされるケースも増えてきた（民主主義はしばしば全体主義と結びつく）。まさに「柔らかい全体主義」の蔓延である。

そうした「組織の論理」に侵されないために必要なのは、自分および他人の自由や誇り、権利を尊重し、個人の意欲と能力を最大限に引き出そうとする「健全な個人主義」

である。

けれども残念なことに、近ごろは個人主義の評判があまりよくない。とくに組織を利用して自分の思いを遂げたり、利益にありついたりしている人たちは徹底して個人主義を攻撃する。なかにはわざと個人主義を利己主義や孤立主義にすり替えるような言説もある。彼らにとって個人主義者こそ、目の上のたんこぶなのである。

よく知られているように、戦前・戦中の時代に政権や軍部がいちばん嫌ったのが個人主義者である。左翼を右翼や保守主義に転向させるのはたやすいが、煮ても焼いても食えないのは個人主義者だと嫌悪された。それは当然のことである。右翼も左翼も全体主義という点では似た者同士だが、個人主義と全体主義は水と油のようなものだからである。

わが国に健全な個人主義が浸透していたら、先の戦争のような悲劇もおそらく防げただろう。戦後、曲がりなりにも平和な社会が維持されてきたのも、不完全ながら健闘した個人主義の功績が大きい。だから私は個人主義者のレッテルを貼られることを誇りに思う。そして、ほんとうの個人主義を理解し、賛同する人が増えることを願う。

本書はさまざまな組織を扱ったため、かぎられた紙幅の中で改革のシナリオを十分に示せなかったかもしれない。それでも、日本社会の隠れた病とでもいうべき「組織の論理」にかわる論理や具体的な方法をできるかぎり示したつもりだ。まかり通る「組織の論理」が実は欺瞞に満ちた有害なものだということ、それを排除すれば組織も社会もよみがえり、個人が幸福になれることは理解してもらえたと信じている。

最後になったが、企画段階から上梓にいたるまでお世話いただいた新潮新書編集部の後藤裕二編集長、丸山秀樹氏をはじめ新潮社のかたがたに厚く御礼申しあげる。

二〇一六年一月

太田　肇

引用文献（本文中に記載した新聞や調査報告書等を除く）

石田英夫編『研究開発人材のマネジメント』慶應義塾大学出版会、二〇〇二年。

太田肇『個人尊重の組織論』中公新書、一九九六年。

同『囲い込み症候群』ちくま新書、二〇〇一年。

岡本浩一、今野裕之『組織健全化のための社会心理学』新曜社、二〇〇六年。

川端裕人『ＰＴＡ再活用論』中公新書ラクレ、二〇〇八年。

Ｗ・コーンハウザー（辻村明訳）『大衆社会の政治』東京創元社、一九六一年。

小山嚴也『ＣＳＲのマネジメント』白桃書房、二〇一一年。

佐久間賢『問題解決型リーダーシップ』講談社現代新書、二〇〇三年。

Ｇ・ジンメル（居安正、向井守、元浜清海訳）『貨幣の哲学　綜合篇』白水社、一九七八年。

同（居安正訳）『社会分化論　宗教社会学（新編改訳）』青木書店、一九九八年。

竹内洋『立身出世主義』日本放送出版協会、一九九七年。

橘木俊詔、浦川邦夫『日本の地域間格差』日本評論社、二〇一二年。

田村秀『暴走する地方自治』ちくま新書、二〇一二年。

Ａ・ド・トクヴィル（岩永健吉郎訳）『アメリカにおけるデモクラシーについて』中央公論社、一九八〇年。

C・I・バーナード（山本安次郎・田杉競・飯野春樹訳）『経営者の役割（新訳）』ダイヤモンド社、一九六八年。

林修『受験必要論』集英社、二〇一三年。

J・ホイジンガ（高橋英夫訳）『ホモ・ルーデンス』中公文庫、一九七三年。

増田寛也編著『地方消滅』中公新書、二〇一四年。

S・ミルグラム（岸田秀訳）『服従の心理』河出書房新社、一九八〇年。

山崎正和『柔らかい個人主義の誕生』中公文庫、一九八七年。

P・R・ローレンス、J・W・ローシュ（吉田博訳）『組織の条件適応理論』産業能率短期大学出版部、一九七七年。

J.S. Adams, "Inequity in Social Exchange," in L. Berkowitz ed., *Advances in Experimental Social Psychology*, Vol. 2, 1965.

A. W. Gouldner, "Cosmopolitans and Locals," *Administrative Science Quarterly*, Vol. 2, No. 3-4, 1957-58.

E. P. Lazear, "Why is There Mandatory Retirement?" *The Journal of Political Economy*, Vol. 87, No. 6, 1979.

R. M. MacIver, *Society*, Farrar & Rinehart, New York, 1937.

「太田肇・公式ホームページ」
http://www.eonet.ne.jp/~ohtahajime/

本書は書下ろしです。

太田 肇 1954(昭和29)年、兵庫県生まれ。同志社大学政策学部教授。神戸大学大学院経営学研究科修了。専門は組織論。『個人尊重の組織論』『がんばると迷惑な人』『公務員革命』『承認欲求』など著作多数。

Ⓢ新潮新書

656

個人《こじん》を幸福《こうふく》にしない日本《にほん》の組織《そしき》

著　者　太田《おおた》 肇《はじめ》

2016年2月20日　発行

発行者　佐　藤　隆　信

発行所　株式会社新潮社

〒162-8711　東京都新宿区矢来町71番地
編集部(03)3266-5430　読者係(03)3266-5111
http://www.shinchosha.co.jp

印刷所　錦明印刷株式会社

製本所　錦明印刷株式会社

ISBN978-4-10-610656-9　C0234

価格はカバーに表示してあります。